Bruder Tilbert Moser, Kapuziner

Der Nahost-Konflikt

Seine Hintergründe im Licht der biblischen Prophetie und unsere christliche Antwort

GGE aktuell
Geistliche Gemeinde-Erneuerung
in der Evangelischen Kirche

Impressum

Bruder Tilbert Moser
Der Nahost-Konflikt (GGE aktuell)
2. Auflage 2004 neu überarbeitet

ISBN 3-9808340-3-4

Verantwortlich für diese Ausgabe:
Lorenz Reithmeier, Philomena Wagner

Satz und Gestaltung:
Rotraud Schmarra, Michael Winterseel

Druck:
Grindel Druck Hamburg

Über den Autor

Bruder Tilbert Moser (1932) ist Kapuziner (ein Zweig der Franziskaner), Schweizer, studierte Theologie mit Schwerpunkt Bibel, wirkt als Priester in der Verkündigung und Seelsorge. Er setzt sich ein für geistliche Gemeinde-Erneuerung, ganzheitliche Heilung, Aufklärung über die Hintergründe des Nahostgeschehens und die Versöhnung mit unseren jüdischen Wurzeln. Als Heiliglandpilgerführer ist er vertraut mit der Situation im Land Israel.

Bruder Tilbert Moser, Kapuzinerkloster, CH-4601 Olten.
E-mail: tilbertkap@gmx.net

Inhalt

Liebe Leserinnen und Leser!

Auffallend stark war das Echo auf die 1. Ausgabe meiner Broschüre, von begeisterten Zuschriften bis zu heftigen Kritiken. Israel scheidet die Geister! Fortlaufend wurden mir neue Informationen und Fragen zugetragen, was mich bewog, umstrittene Punkte ausführlicher zu behandeln. So habe ich die Kapitel 7, 8, 9 und 12 erheblich ausgebaut. Dennoch ist mir bewusst, dass meine Darlegungen trotz sorgfältiger Abklärung unvollkommen bleiben werden. Ich schreibe aus einer inneren Not, weil ich sehe, wie viel Blindheit auf dem Gebiet Christen – Juden - Israel herrscht und wie viel „Bewusstseinsbildung" noch zu leisten ist. Ich bin kein wissenschaftlicher Autor, sondern mehr ein „charismatischer" Propagandist für Gottes Plan. Angesichts meiner Grenzen spüre ich: Alles ist Gnade! Ich danke dem Herrn für seine freundlichen Fügungen im Zusammenhang mit der Abfassung dieser Schrift. Besonderer Dank gebührt Friedrich Aschoff und Lorenz Reithmeier, den Herausgebern dieser Schrift, aber auch Ihnen, liebe Leserinnen und Leser, für Ihr Mitbeten und Mitberaten, bereits im Blick auf eine weitere 3. Auflage.

Nur eine prophetische Sicht kann den Weg aus der Sackgasse des Nahostkonfliktes weisen. Dies zeigt die Johannesoffenbarung, die sich in einer ähnlich bedrängenden Situation an die Gläubigen wendet, um ihnen mit „prophetischen Worten" (Offb 1,2) den Blick auf die Hintergründe der Geschichte zu öffnen und sie zu „Zeugen des Lammes" auszurüsten. Als Kapuzinerpriester nehme ich teil am prophetischen Auftrag der Kirche Jesu und gebe weiter, was der Geist heute durch viele Kanäle zu uns spricht und wofür viele noch taub und blind sind. Es ist, wie wenn der Seher Johannes mit seinen schreckerregenden Bildern in unsere Zeit geschaut hätte, mit Atomverseuchung, Naturkatastrophen, Kriegen usw. Doch diese düsteren Bilder münden ein in das strahlende Bild vom neuen Jerusalem. Mit dieser Vision, mit der meine Schrift schließt, können auch wir als Schauende hoffnungsvoll der Zukunft entgegen gehen und am neuen Jerusalem mitbauen. Den Schlüssel zur Lösung aller Konflikte hat das „Lamm", das allein das versiegelte Buch zu öffnen vermag und uns die Schrift als Wegweiser erschließt.

Mehrere Leser teilten mir mit, dass sie diese Schrift mit Spannung in einem Zug gelesen hätten. Auch Ihnen wünsche ich, dass die Lektüre Sie in das spannungsvolle Abenteuer von Gottes „Zionsprojekt" hineinzieht.

Ihr Br. Tilbert Moser

Vorwort

Wir sind uns erstmals in der wilden Toskana beim „Bund der Taube“ begegnet. Es ging um eine Begegnung mit Italienern, die vor 60 Jahren Juden vor dem Zugriff der Gestapo gerettet haben, ihnen zur Flucht verhalfen oder sie versteckten. Ich durfte ihnen Dank sagen, dass unser deutsches Schuldkonto nicht noch größer geworden ist.

Tilbert Moser, ein Kapuzinerpater aus Olten in der Schweiz, brachte sich in dieser Begegnung kenntnisreich ein. Er ist ein Mann der Versöhnung auf vielen Gebieten: zwischen den Konfessionen, Völkern und Nationen, vor allem zwischen Juden und Palästinensern, Christen und Moslems. In seinem Beitrag zum Nahostkonflikt bringt er eine Sicht der Probleme, die vielfach unbekannt ist oder unterschlagen wird. Er sieht das Problem nicht nur zeitgeschichtlich oder ethnisch, sondern von den biblischen Aussagen her. Er gehört weder zu den oft oberflächlichen Israel-Schwärmern, die unkritisch und geschichtslos die Problematik im Heiligen Land gar nicht verstehen und durch ihre Einseitigkeit viel Schaden anrichten, noch gehört er zu den „aufgeklärten“ Kritikern, die nur das Unrecht der Israelis anprangern. Er macht vielmehr den Versuch, Licht in die Hintergründe dieser ungeheuerlichen Problematik fallen zu lassen, indem er zeitgeschichtliche Fakten und Zusammenhänge ebenso einbringt, wie die Aussagen der biblischen Botschaft.

Wir werden selten eine so ausgewogene, faire und vom Heiligen Geist erleuchtete Beurteilung finden, in denen sowohl die Juden – auch die messianischen Juden! – als auch die moslemischen und christlichen Araber/ Palästinenser zu Wort kommen. In allem aber kommt die Liebe Gottes zum Ausdruck, der sein ersterwähltes Volk „mit demütiger Liebe zu ihrer ureigenen messianischen Berufung zurückführen möchte, damit sie von innen her ihren Messias erkennen können.“ Darüber hinaus ist diese Schrift eine Fundgrube von Aussagen, Zitaten und Erkenntnissen, die man in dieser Konzentrierung nur selten findet und für Diskussionen braucht.

Tilbert Moser ist durchdrungen von der Erkenntnis, dass nur der „Sar Schalom“, der Friedefürst von Jesaja 9,5, die Konfliktknoten lösen und Frieden ins Heilige Land bringen kann. Was das für Juden und Moslems bedeuten würde, können wir heute kaum ermessen. Aber eine andere Chance haben wir nicht, wenn die Welt nicht im Chaos eines 3. Weltkrieges taumeln und vielleicht zugrunde gehen soll.

Fazit: Unsere Zeitgeschichte muss mit erleuchteten Augen des Herzens, die an der Bibel geschult wurden, gedeutet werden. Darin kann man Tilbert Moser nur zustimmen.

Friedrich Aschoff

1

1. Einführung

Die „Al-Aksa-Intifada" am 28. September 2000 hat eine unheimliche Terrorwelle mit unabsehbarem Ende ausgelöst. Die meisten Pilgergruppen sagten ihre Reise ab, was die Fremdenindustrie bei Juden und Palästinensern in Millionenverluste stürzte. Die Kluft ist offenbar so tief, dass alle Friedensversuche scheitern müssen. Man ist ratlos und sucht nach den Schuldigen. Je nach Vorliebe und Informationsquellen gibt man mehr der einen oder der andern Seite die Hauptschuld. Um zu einem ausgewogenen Urteil zu kommen, müssen wir uns in beide Seiten einfühlen und den historischen und psychologischen Wurzeln des Konflikts nachgehen. Doch wird immer deutlicher, dass dies allein nicht genügt. Das Geschehen im Land der Bibel hat eine Tiefendimension, die das Besserwissen der „Weisen und Klugen" sprengt. Gott möchte hier besonders zeichenhaft seine Geschichte weiterführen und biblische Verheißungen erfüllen, mögen die darin Handelnden noch so weltlich denken und quer stehen. Um zu verstehen, was sich im Land der Bibel zusammenbraut, brauchen wir darum vor allem die Bibel als Kompass. Darauf weisen auch versierte Nahostspezialisten wie Peter Scholl-Latour und Gerhard Konzelmann gerne hin. Doch sofort erhebt sich die Angst vor einem vereinnahmenden, fundamentalistischen Biblizismus. Auch die säkularen, weltlich gesinnten Zionisten berufen sich auf die Landverheißungen der Bibel. Umgekehrt verfechten die palästinensischen Befreiungstheologen mit derselben Bibel die Rechte der Palästinenser und bekämpfen den Zionismus, so dass sogar Jesus zum Palästinenser wird, der sein Volk mit der Intifada in die Freiheit führt. Mit der Bibel hatte man seit dem christlichen Altertum die Juden bekämpft.

Mit diesem Beitrag möchte ich aus den geschichtlichen Zusammenhängen und der biblischen Botschaft Licht in die Hintergründe fallen lassen und zeigen, was wir Christen zum Frieden in diesem Land beitragen können. Seit über 20 Jahren bin ich als Pilgerbegleiter mit dem Heiligen Land verbunden und mache die Pilger anhand der Bibel mit den Hintergründen des Geschehens bekannt. Wir zeigen uns solidarisch mit unseren christlichen Glaubensbrüdern, aber auch mit den Juden als unseren „erstgeborenen Brüdern" und unterstützen Werke, in denen Juden und Palästinenser gemeinsam als Brückenbauer zusammenwirken. In meinen Ausführungen vernetzen sich die beiden Ebenen: die biblisch-heilsgeschichtliche und die politisch-zeitgeschichtliche. Dies wird manchen Anstoß erregen, denn man ist es gewohnt, beides säuberlich zu trennen. Entweder befasst man sich mit der aktuellen Lage und den damit verbundenen Ungerechtigkeiten, oder man beschäftigt sich auf weltentrückter Ebene mit der Bibel und hütet sich, deren prophetische Botschaft auf unsere Gegenwart zu beziehen.[1] Dabei vergisst man, dass die Bibel nicht abstrakt-zeitlose Glaubenswahrheiten bietet, sondern die Geschichte Gottes mit den Menschen und dass sie massiv ins politische Geschehen hineingreift – bis in unsere Zeit. Das macht diese Darlegung brisant.

[1] Nichtevangelikale Exegeten hüten sich meist, die sich auf die „Wiederherstellung Israels" in der messianischen Zeit beziehenden Verheißungen, wozu die „Heimkehr" ins Land der Väter gehört, auf unsere Zeit anzuwenden. Darüber mehr im 7. Kapitel.

2. Vorfeldbereinigung zu gegensätzlichen Auffassungen

2

Wenn es um Juden und Israel geht, regen sich widersprechende Auffassungen mit heftigen Emotionen, was eine sachliche Abklärung erschwert. An Israel/Jerusalem und dem Messias Israels scheiden sich die Geister (Lk 2,34; Sach 12,3). Die menschlich-"vernünftige" und die göttliche Sichtweise können hart aufeinanderprallen. Gott hat seine eigene Politik, die dem, was Menschen gut und in der Politik richtig finden, oft zuwiderläuft: „Meine Gedanken sind nicht eure Gedanken, und eure Wege sind nicht meine Wege" (Jes 55,8). Letztlich ist es der „Widersacher", der mit verführerischen Ideologien den Plan Gottes zu durchkreuzen versucht.

Zahlreiche „aufgeklärte" Christen sind geleitet vom Bestreben nach Recht und Gerechtigkeit und setzen sich darum besonders für die Palästinenser ein, die sie als die schwächeren, schutzlos den waffenstarrenden Zionisten ausgelieferten Opfer sehen.

Als Beispiel, wie an Israel sich Geister scheiden können, sei die Kontroverse zweier reformierter Pfarrer in einem Schweizer „Kirchenboten" angeführt. Beide sind führend in der Christlich-Jüdischen Arbeitsgemeinschaft ihrer Region, haben also eine positive Beziehung zum Judentum. Der eine schrieb: „Ich fühle mich dem Staat Israel zutiefst verbunden. In meinem Glaubensleben schöpfe ich aus dem Fundus der jüdisch-christlichen Tradition. Gerade deshalb kann ich die Militärpolitik der jetzigen Regierung Israels nicht akzeptieren. Sie widerspricht dem gemeinsamen humanitären Erbe, dessen Wurzeln bis zurück in die biblischen Schriften reichen." Wie er werfen viele wohlmeinenden Christen den „Zionisten" vor, aus der Bibel das Recht abzuleiten, die Palästinenser aus ihrem Land zu vertreiben und darauf Siedlungen zu bauen, sie wirtschaftlich auszuhungern und durch „Staatsterror" zu unterdrücken. Die Entgegnung des Amtskollegen war ebenso heftig. Er verwarf die verbreitete Art, besserwisserisch von oben herab die Juden maßregeln zu wollen: „Juden hätten – bitte schön – sich nach Massentötungen von Zivilisten, Familien und Kindern nicht zu wehren, dies gehöre zu unserem christlichen Glaubensleben, zu unserem Rollenangebot an die Juden und zu unserem Verhältnis zur Shoa".

Tatsächlich gibt es auf beiden Seiten viel Unrecht, das gern ideologisch beschönigt wird. Auch bei den Israeli (nicht nur bei den Amerikanern) gibt es Intrigen und Menschenrechtsverletzungen. Auch ich bedaure, dass die Israeli zu einseitig mit militärischen und politischen Mitteln um ihre Sicherheit und ihr Überleben kämpfen statt die Hauptaufmerksamkeit auf die Friedensarbeit und den mitmenschlichen Brückenbau zu setzen. Statt die friedensbereiten Palästinenser zu ermutigen und sie zu Freunden zu machen, werden sie oft durch unnötige Schikanen abgeschreckt.

Ich lehne keineswegs eine berechtigte Israelkritik ab; israelkritische Stimmen sind willkommen, um die Sicht zu weiten. Christlich-arabische Wortführer wie Emil Shoufani stellen die Selbstkritik, die man bei Juden findet, den Arabern, bei denen sie oft fehlt, als Vorbild hin.

Auf beiden Seiten gibt es, wie in andern Nationen, Mythen, welche die eigene Nation und Geschichte schönfärberisch darstellen. Jüdisch-israelische Historiker wie Benny Morris und Simcha Flapan haben die zionistischen Geschichtsmythen, in denen die Staatsentstehung glorifiziert wird, entmythologisiert.[1] Auf palästinensischer Seite steht diese Entmythologisierung noch aus.

[1] S. Flapan: „Die Geburt Israels. Mythos und Wirklichkeit", München 1988.

3. Haben wir Christen den Konflikt mitverschuldet?

3

Um voranzukommen, müssen wir die Kritik an Juden und Palästinensern in einen größeren Zusammenhang stellen, indem wir die Fehler der beiden Gruppen als Gewissensspiegel für uns sehen. Wenn z.B. den Israeli Härte gegenüber den Palästinensern vorgeworfen wird, müssen wir uns als Christen fragen: Haben wir, bzw. die „christlichen" Länder, den Israeli genügend geholfen, Brücken zu bauen, oder tragen wir vielleicht sogar die Hauptschuld an der Nahostkrise? Die beiden ehemaligen Oberrabbiner von Jerusalem, Eliyahu Bakshi-Doron und Yisrael Lau, sind überzeugt, dass führende christliche Persönlichkeiten wesentlich zur Verständigung zwischen Juden und Moslems beitragen könnten. Rabbi Lau, ebenfalls Pole, hat dies schon 1994 dem Papst gegenüber ausgedrückt. Überwältigend positiv zum Abbau des Misstrauens zwischen Juden und Christen wirkte der Papstbesuch im März 2000. Gemäß Gallup-Umfrage hat dadurch 17,7 % der jüdischen Bevölkerung im Land ihre Meinung über das Christentum positiv verändert. Die palästinensischen Christen tun jedoch in dieser Richtung zu wenig, mit Ausnahme einiger Pioniergestalten und Pioniergruppen. In ihrer schwierigen Lage als kleine Minderheit zwischen Juden und Moslems solidarisieren sie sich oft lieber, zu ihrem Nachteil, mit ihren moslemischen Volksgenossen als mit ihren „erstgeborenen Brüdern" und dem jüdischen Wurzelgrund ihres Glaubens, belastet durch geschichtliche Verwundungen und den alten unterschwelligen Antisemitismus. Auch der Lateinische Patriarch Michel Sabbah, selber ein durch die zionistische Einwanderung Gebrannter, hat bekanntlich trotz gutem Willen nicht das Charisma des versöhnlichen Gesprächs mit den Führern der Juden.[1] Es sind vor allem christliche Israelfreunde aus dem Ausland, mehrheitlich evangelische, welche aus biblischer Motivierung die Juden auf ihrem schweren Weg zum Frieden unterstützen, ohne dabei notwendigerweise das Los der Palästinenser zu vernachlässigen.

Zum Kernpunkt Recht und Unrecht besteht ein krasser Unterschied zwischen Juden und Palästinensern. Palästinenser beneiden die israelischen Juden um ihre Demokratie, obwohl sie vom Judenstaat in manchem benachteiligt werden, wohl wissend, dass sie in arabischen Ländern oder gar unter der Willkürherrschaft Arafats weniger Rechte hätten. Immerhin konnten sich die Palästinenser in der „Westbank" unter israelischer Herrschaft wirtschaftlich und sozial viel stärker entwickeln als unter der vorausgehenden jordanischen Herrschaft. Umfragen zeigen, dass viele Palästinenser es vorziehen, unter israelischer Herrschaft zu leben als unter der Palästinensischen Autonomie, weshalb sich viele in Ostjerusalem um die israelische Staatsbürgerschaft bewerben.

3

Unter israelischen Intellektuellen gibt es eine schonungslose Zionismuskritik. Man denke nur an den feurigen Zionismuskritiker Yeshayahu Leibowitz (1903-1994), Professor an der Hebräischen Universität, der öffentlich Yitzhak Rabin einen Nazi nannte, als dieser 1988 als Verteidigungsminister den Befehl gab, den palästinensischen Widerstandskämpfern die Beine und Arme zu brechen. Staatspräsident Ezer Weizman ehrte ihn bei seiner Beerdigung. Hier zeigt sich der radikale Gegensatz zu den Palästinensern. Wenn diese ihr korruptes Regime kritisieren, freundschaftliche Beziehungen zu Juden pflegen und sich für friedliche Kompromisse einsetzen, gelten sie als Volksfeinde und riskieren ihr Leben. Bei der Intifada wurden mehr Palästinenser wegen „Kollaboration" von ihren eigenen Volksgenossen umgebracht als von Israeli. Dies zeigte im Oktober 2001 die Ermordung des israelfreundlichen Muchtars (Bürgermeisters) einer arabischen Vorstadt Jerusalems. Damit begreifen wir die palästinensischen Christen, wenn sie sich lieber aus der Politik heraushalten, statt sich durch Friedensarbeit der Gefahr auszusetzen. Eine christliche Gruppe aus Bethlehem hatte vor Jahren die israelische Regierung gebeten, Bethlehem zu annektieren. Wenn dies geschehen wäre, würde es den Christen dort gewiss besser ergehen als heute unter der Autonomieherrschaft, wo sie von den Moslems hinausgedrängt werden.

Die heutige Nahostkrise lässt den unterschwelligen, uralten Antijudaismus leicht wieder hochkommen. Die Juden oder gewisse Gruppen von Juden dienen wieder als Sündenböcke, z.B. die „Siedler", welche man als ständige Provokation gegen den Frieden sieht. Heiliglandpilger stoßen sich manchmal an der überheblich wirkenden Art gewisser Juden (im Gegensatz zur freundlicheren Art der Palästinenser), an der krankhaften Sicherheitskontrolle, am Abschottungsgebaren. Die Art, wie Juden den Holocaust als Erpressungsmittel ausnutzten, hat viele abgestoßen und nährt das Vorurteil über „geldgierige Juden". Gern sieht man gewisse israelische Politiker als Kriegstreiber. – Hinter all diesen Einwänden steckt ein Körnchen Wahrheit. Doch der Blick auf den größeren Zusammenhang führt oft zu einem anderen Urteil.

[1] Siehe Yves Teyssier d'Orfeuil: „Michel Sabbah. Paix sur Jérusalem. Propos d'un évêque palestinien" (Desclée 2002) und die kritische Besprechung von Michel Remaud in Nova et Vetera (Edit. Saint-Augustin, CH-1890 Saint-Maurice, 4/2002). Remaud, katholischer Ordensmann, leitet in Jerusalem ein Institut für jüdisch-christliche Studien.

4. Die internationale Schuldverquickung

4

Hinter vielen Bürgerkriegen steht die Politik der Großmächte. Der in Ramallah sozial wirkende Schweizer Theologe Matthias Hui hat in einer Mitteilung an eine Delegation des Schweizer Nationalrates aufgezeigt (in Neue Wege 2/98), dass das Versagen Israels das Spiegelbild und die Konsequenz unseres westlichen Versagens ist: Der Kolonialismus und Nationalismus der Israeli sei eine Auswirkung unseres Kolonialismus und Nationalismus usw. Ähnlich wie bei den Bürger- und Stammeskriegen in Ex-Jugoslawien und Afrika stehen zum großen Teil falsche westliche und christliche Weichenstellungen als Ursache hinter der Nahostkrise. Treffend fasst dies Prof. Dr. Thomas Willi in seiner Rede zum 50. Jubiläum des Staates Israel an der Ernst-Moritz-Arndt-Universität zusammen: „Die oft wirklich verzweifelte Lage palästinensischer Menschen und Familien ist nur mittelbar eine Folge der Entstehung des Staates Israel – unmittelbar ist sie die Frucht der ideologischen und politischen Intransigenz der Umliegerstaaten gegenüber diesem Israel... Wichtig ist: Die Konzeption eines jüdischen Staates stammt nicht von Juden. Sie resultiert daraus, dass die Araber jede jüdische Einwanderung ablehnten und Großbritannien sowie in seinen Spuren die Vereinten Nationen ihnen entgegenzukommen suchten.“ Unvoreingenommene Palästinenser sagen klar, dass nicht die Israeli ihre Hauptfeinde sind, sondern die arabischen Nachbarstaaten, welche alles taten, um die Palästinenser als Speerspitze gegen Israel hochzuzüchten. Während die Israeli unter großen Opfern ihre aus vielen Ländern z.T. wegen Verfolgung eingewanderten Volksgenossen integrierten, weigerten sich die meisten arabischen Staaten, dies mit ihren arabischen Brüdern zu tun, und hielten die Flüchtlingslager als Brutstätten des antiisraelischen Terrors aufrecht. Übrigens sind bis zum Sechstagekrieg ebensoviel Juden aus arabischen Ländern vertrieben worden, wie Palästinenser aus Israel geflohen sind oder vertrieben wurden.

Das Paradebeispiel dieser Vernetzung ist das große Unrecht der zionistischen Invasoren, als sie 1948 bei ihrem Einmarsch rund 400 galiläische Dörfer niederwalzten und die friedlichen arabischen Einwohner vertrieben, um ihre eigenen Siedlungen zu bauen. Hunderttausende waren bereits vor dem Herannahen der israelischen Armee in die Nachbarländer geflohen, aufgeschreckt durch die Gräueltat von Deir Yassin, ein Dorf in Judäa, dessen Einwohner am 9. April 1948 ahnungslos von jüdischen Terroristen niedergemetzelt wurden. Ein anderer Teil blieb im Land zurück. Gegen 15.000 Palästinenser wurden getötet. Andere wurden vertrieben und mussten sich anderswo wieder eine Existenz aufbauen[1]. Während die Israeli am 14. Mai ihren Befreiungstag feiern zur Erinnerung an die Staatsgründung 1948, ist dies für die Palästinenser der Trauertag der „nakba“ (arab. = Unglück), vergleichbar mit der Shoa, dem Holocaust der Juden. Wir müssen verstehen, dass der Einmarsch der Zionisten bei vielen Palästinensern ein noch nicht ausgeheiltes Trauma hinterlassen hat. Eine jüdische Geste der Versöhnung und Wiedergutmachung könnte einiges heilen.

Doch auch dieses Unrecht zeigt sich in milderem Licht, wenn wir es in den größeren internationalen Zusammenhang stellen. Die Zionisten, die schon ab Ende des 19. Jahrhunderts begannen, das unter der Türkenherrschaft sehr dünn bewohnte und landwirtschaftlich heruntergekommene Land wieder fruchtbar zu machen, waren bereit zum friedlichen Zusammenleben und boten den Arabern neue Arbeitsmöglichkeiten, was viele arabische Einwanderer anlockte. Dann kamen 1917 die Engländer und versprachen den Juden mit der Balfour-Erklärung, ihnen beim Errichten einer „Heimstätte" im Land der Väter behilflich zu sein. 1947 entwarf die UNO einen Teilungsplan, gemäß dem Jerusalem mit Bethlehem internationalisiert worden wäre; die Palästinenser hätten Judäa und Samaria bekommen, nachdem schon 1923 der größte Teil des britischen Mandatsgebietes, 77 %, als Transjordanien für die Palästinenser abgetrennt worden war. Die Juden stimmten für den Plan, die Palästinenser dagegen. Sie hätten also schon damals ihren Staat haben können. Ihr typisches „alles oder nichts" hinderte sie daran. Am 14. Mai 1948 waren die Juden gezwungen, gedeckt durch den Mehrheitsbeschluss der UNO, ihren eigenen Staat auszurufen, wobei sie in der Unabhängigkeitserklärung der einheimischen Bevölkerung die Hand zur fruchtbaren Kooperation anboten. Doch kaum war der Staat geboren, griffen fünf umliegende arabische Staaten mit der von England ausgerüsteten und ausgebildeten Arabischen Legion den neugeborenen Staat an, um ihn in der Wiege zu vernichten („Die Juden ins Meer!"). Dass beim notwehrhaften Gegenstoß der Juden, der wie durch ein Wunder gelang, viele Unschuldige (z.B. die galiläischen Dörfer) unter die Kriegswalze kamen, war sozusagen unausweichlich. Auf alle Fälle kann man nicht die Israeli anklagen, ohne jene international Mitverflochtenen, die Israel dazu gedrängt haben, anzuklagen.

Kronzeuge für ein weitblickendes Urteil ist der Priester Emil Shoufani, ein christlich-palästinensischer Wortführer in Galiläa, der als Kind die „nakba" erlebt hat und von dem wir noch mehr hören werden. Die einmarschierenden Israeli vertrieben die Einwohner seines Heimatdorfes Eilaboun bei Nazareth und töteten mehrere davon, darunter zwei Familienangehörige, obwohl sich das Dorf friedlich dem israelischen Staat ergeben hatte. Dabei ist herauszuheben, dass die Eltern und Großeltern Emils keinen Hass gegen die Juden kannten, sondern nur christliche Liebe und Versöhnungsbereitschaft. Bei allem Schmerz blieben sie frei von Rachegedanken. Bemerkenswert ist das Urteil von Emils weisem Vater: Keine Partei sei unschuldig an dieser Katastrophe außer den unglücklichen Opfern der Zivilbevölkerung. 60 % der Verantwortung für das Zustandekommen des Krieges hätten die arabischen Autoritäten durch ihre ablehnende Haltung gegenüber der früheren jüdischen Einwanderung[2]. Wie dieser weise Palästinenser bestätigen auch andere Palästinenser, dass die Hauptschuldigen an ihrem Unglück nicht die Juden sind, sondern die arabischen Länder und die westlichen Großmächte, damals vor allem die Engländer und indirekt die Deutschen und heute vor allem die Amerikaner.

Betreffs Landenteignungen sei ergänzt, dass ein Großteil des Landes von den zionistischen Pionieren mit Hilfe des 1901 gegründeten Jüdischen Nationalfondes von türkischen Großgrundbesitzern zu einem übersteigerten Preis aufgekauft wurde.

Eine vielgehörte Anklage lautet: „Der Westen hat versagt, jetzt bekommt er die Quittung für seine Versäumnisse: Er hat den Brandherd »Palästina und Israel« zu lange schwelen lassen... Wenn Amerika bzw. der Westen nicht Israel zwingt, den Palästinensern ihre Freiheit und die elementaren Rechte zu geben, also Gerechtigkeit, wird der Terrorismus auf der Erde nicht verschwinden."[3] Das scheint einleuchtend. Doch wer den Wurzeln nachgeht, kommt zu einer anderen Sicht. Gewiss sind die verletzten Menschenrechte der Palästinenser ein wesentlicher Auslöser der Krise. Doch das Wörtchen „zwingt" verrät die Oberflächlichkeit der Anklage. Wie kann man Israeli und Palästinenser „zwingen", in Frieden miteinander auszukommen? Solange die treibenden arabischen Ideologen das Existenzrecht der Juden im Land ablehnen, bringt auch keine Landrückgabe (außer Israel verschwände ganz von der Oberfläche) den Frieden. Auch ein noch so großer Palästinenserstaat ist kein Ausweg, denn dieser könnte nur bestehen in loyaler Zusammenarbeit mit Israel. Das Versagen aller beteiligten Gruppen liegt auf menschlich-ideeller Ebene, wo man nicht zwingen, dafür aber in zäher Kleinarbeit Verständnis wecken kann.

Eine weitere Anklage, Israel verletze andauernd die UNO-Resolutionen und das Oslo-Abkommen, zeigt sich ebenfalls in anderem Licht, wenn man auch die andere Seite anhört. Man braucht bloß zurückzufragen: Hat sich Arafat jemals an Vereinbarungen gehalten? Es gibt ganze Listen von Vertragsbrüchen Arafats. Nach arabisch-islamischer Auffassung ist der Muslim nicht an Verträge gebunden, wenn sie nicht mehr den Interessen des Islam dienen.[4] Die oft angeführte Resolution 242 verpflichtet Israel, besetzte Gebiete (nicht alle, wie manche fälschlich interpretieren), soweit es für die Sicherheit Israels zumutbar ist, zurückzugeben. Alle Gebiete zurückzugeben, wäre strategisch Selbstmord. Tatsächlich hatte Ministerpräsident Barak bei den Friedensverhandlungen anerboten, den größten Teil (95 %) dieses Gebietes zurückzugeben, viel mehr als es das Parlament bewilligt hätte.[5] Arafat hat abgelehnt nach dem altbekannten „alles oder nichts". Damit bestätigt sich der Ausspruch des Historikers und Diplomaten Abba Ebban, dass die Palästinenser nie eine Gelegenheit ausgelassen hätten, eine Chance zu verpassen. Die UNO-Resolutionen, die von der UNO-Vollversammlung

4

abgestimmt werden, sind durchweg gegen Israel gerichtet. Was kann schon der eine Judenstaat gegen die 52 islamischen Staaten ausrichten! Bei den Verurteilungen Israels geht es der UNO beileibe nicht um die Gerechtigkeit für die Palästinenser. Von 1948 bis 1967, also fast 20 Jahre lang, war die „Westbank" und die Jerusalemer Altstadt von den Arabern (Jordanien) besetzt, und niemand, weder die Araber noch die UNO, wollten daraus einen Palästinenserstaat mit Jerusalem als Hauptstadt machen. Sie gaben ihren palästinensischen Brüdern nicht einmal ein Recht auf autonome Verwaltung (wie sie später Menachem Begin den Palästinensern der „Westbank" anbot). Auch der Vatikan forderte damals nicht die Internationalisierung Jerusalems, obwohl Jerusalem es damals unter den Schikanen der Jordanier dringend nötig gehabt hätte. Dass Israel unzählige Male von der UNO verurteilt wurde, die Araber mit ihrem viel größeren Unrecht jedoch praktisch nie, sollte jedem Klardenkenden die Augen öffnen.

Gelegentlich hört man: „Dem Gruppenterrorismus der Palästinenser setzt Israel den Staatsterrorismus gegenüber". Das ist nicht ganz falsch, doch ebenfalls kritisch zu hinterfragen. Vor der Staatsgründung operierten die Zionisten mit Terroristengruppen, um sich gegen die Engländer, die eine andere Sprache nicht verstanden hätten, durchzusetzen. Und heute: Was hätten wir anstelle der Israeli getan, wenn Terroristen von christlichen Häusern aus in Beit Jala ständig auf den Jerusalemer Stadtteil Gilo geschossen hätten? Sie taten es bewusst, um die Juden zum Zurückschlagen zu provozieren und so die westliche Öffentlichkeitsmeinung gegen sie aufzustacheln. Dieses Handlungsmuster praktizierte man schon im Mittelalter: Man provozierte die Juden so lange, bis sie sich wehren mussten, um sie dafür anklagen zu können. Zu diesem Zweck sind viele Palästinenser bereit, sogar ihre eigenen Kinder zu opfern. Israelkritiker verwechseln gern die Ursache mit der Wirkung. Sollten die Israeli noch mehr Land um Frieden zurückgeben? Einsichtige wissen, dass sie den Frieden nicht mit Land erkaufen können, obwohl viele kriegsmüde Israeli in kurzsichtiger Hoffnung dazu aufrufen. Die tonangebenden Palästinenser wollen ja nicht einen palästinensischen Staat neben einem jüdischen Staat, sondern sie wollen alles, mit Jerusalem als Hauptstadt. Sie würden ein weiteres Nachgeben nur als Zeichen der Schwäche und als Signal zum weiteren Dreinschlagen deuten, mit der Folge, dass Israel wieder einen härteren Führer wählen muss. Ein Teufelskreis! Es zeigte sich, dass nur ein militärisch starkes israelisches Regime Frieden schließen kann, wie 1979 nach einem militärischen Sieg mit Ägypten. Doch am Ende wird Israel erkennen müssen, dass dieser Konflikt nicht „durch Heer oder Macht, sondern allein durch meinen Geist" (Sach 4,6) gelöst werden kann. Es wird immer deutlicher, dass Frieden nicht mit Militärgewalt erkauft werden kann.

Nicht ganz zu unrecht wirft man Sharon vor, er habe den Friedensprozess noch ganz zum Scheitern gebracht und führe einen totalen Krieg gegen die

Palästinenser, u.a. durch die Besetzung des „Orient Hauses" in Jerusalem, des Symbols des Traumes der Palästinenser von der Befreiung ihres „besetzten" Heimatlandes. Arabische Journalisten machten keinen Hehl daraus, dass der Hardliner Sharon als Reaktion auf die von Arafat geförderten Terroranschläge gewählt wurde, dass also praktisch Arafat Sharon gewählt hat.

Ein verbreitetes Klischee sind die armen, steinewerfenden Kinder, auf die israelischen Soldaten mit Gewehren zielen. Während Israeli ihre Kinder lieben und schützen, opfern palästinensische Eltern ihre Kinder als Märtyrer, um die Entrüstung der westlichen Welt gegenüber den bösen Juden zu erregen, und lassen sich dafür honorieren. Einmal wurde sogar nachgewiesen, dass nicht der israelische Soldat auf dem Foto, sondern ein Palästinenser aus dem Hinterhalt aus dem genannten Grund das Kind erschossen hatte. Golda Meir soll gesagt haben: „Dann wird Friede sein, wenn die Palästinenser ihre Kinder so lieben, wie sie uns hassen."

Noch vieles ließe sich anführen um zu zeigen, dass die von vielen „aufgeklärten" Kritikern gegen Israel angeführten Tatsachen, in größerem Zusammenhang gesehen, zur Erkenntnis einer gesamt-menschheitlichen Schuldverflechtung und zu einem Mea Culpa führen müssten. Wenn man das Unrecht beider Seiten gegeneinander abwägt, kommen die Israeli nicht am schlechtesten weg.

[1] Nach Prolongeau/Shoufani (Anm. 5, S.121) flohen 1947/48 900`000 Palästinenser aus dem Land, während 160`000 blieben. Nach Schreiber/Wolffsohn (Anm. 4) flohen rund 1/3 der Flüchtlinge spontan aus Angst, 1/3, weil sie von den Israeli vertrieben wurden und 1/3, weil sie von der arabischen Armee dazu aufgefordert wurden mit der Versicherung, es sei zu ihrer eigenen Sicherheit; sie könnten wieder zurückkehren, wenn die Israeli ins Meer geworfen seien.

[2] Hubert Prolongeau: „Le Curé de Nazareth, Emile Shoufani, Arabe israélien, homme de parole en Galilée". Albin Michel, Paris, 1998, S. 25.

[3] Dr. Franz Xaver Schmid im Internet, 15. Sept. 01

[4] Dabei beruft man sich auf das Vorgehen Mohammeds, der 628 mit dem Stamm Kuraisch in Mekka einen Friedensvertrag schloss, diesen aber zwei Jahre später brach, als seine Anhänger genügend stark waren, die Kuraisch anzugreifen, von denen sie alle männlichen Wesen ermordeten. Im islamischen Recht gilt dies als Präzedenzfall für alle Abkommen mit Ungläubigen. Friede im islamischen Sinn ist erst mit dem Sieg des Islam über die Ungläubigen erreicht. Zur Erreichung dieses Zieles sind Friedensverträge nur auf beschränkte Zeit erlaubt.

[5] L. Watzal (in: „Feinde des Friedens", Aufbau-Taschenbuch 2002, S. 294) stellt dazu klar: „Da Israel bereits 60 Prozent der Westbank als Staatsland deklariert hat, die es nicht zurückgeben wird, bezogen sich die 95 Prozent auf jene unumstrittenen 40 Prozent des besetzten Territoriums, von denen auch der Likud stets ausgeht." Arafat habe das Angebot abgelehnt, weil er eine Falle befürchtete.

5 5. Israels Mitschuld an der Intifada

Diese Darlegung könnte den Eindruck wecken: die bösen Palästinenser – die guten Juden. Das wäre falsch. Die Palästinenser sind genauso wie die Juden von Gott geliebte Sünder und darum liebenswürdig. Durch das, was die Palästinenser erlitten haben, verdienen sie unsere Sympathie. Sie sind (wie damals die Deutschen unter Hitler) das Opfer dunkler Verflechtungen und Ideologien, die es offen zu legen gilt. Im Alltag können die Palästinenser mit ihrer Gastfreundschaft die liebenswürdigsten Menschen sein. Doch in der Moschee werden sie verhetzt und können dann zu hasserfüllten, vom Blutrausch erfassten Intifada-Kämpfern werden, wie Augenzeugen berichten.

Die Israeli sind daran nicht unschuldig. Schon die erste Intifada, 1987 in Gaza ausgebrochen, konnte nur, obwohl von außen angeheizt, aufgrund der harten israelischen Besatzungsmethoden aufkommen. Der gut recherchierte Roman des israelischen Autors David Goldmann „Der gelbe Wind. Die israelisch-palästinensische Tragödie“ (München 1988) hatte dies schon vorausgesehen und davor gewarnt. 1967 ist den Israeli im arabischen Angriffskrieg die „Westbank“, die unter jordanischer Herrschaft stand, gleichsam in den Schoß gefallen und geriet unter israelische Militärherrschaft. Die Israeli versuchten, mit Hilfe ihres Geheimdienstes die militärischen Maßnahmen möglichst auf ein Minimum zu beschränken. Durch die verhältnismäßig gut bezahlten Arbeitsmöglichkeiten in Israel und die israelische „Entwicklungshilfe“ hob sich der Lebensstandard der arabischen Bevölkerung bedeutend. Dennoch sorgte die Rechtlosigkeit unter der Fremdherrschaft für Unzufriedenheit, welche von der damals unter Arafat aufkommenden PLO-Terrororganisation geschürt wurde. Das Autonomieangebot mit freien Wahlen unter Begin und Shamir genügte nicht, den Freiheitsdurst der Palästinenser zu stillen. Für die steigende Spannung sorgte die andauernde jüdische Siedlungstätigkeit. Wenn auch die Siedler zu jener Zeit nur 8 Prozent der Gesamtbevölkerung in den besetzten Gebieten ausmachten, so verfügten sie doch über 80 Prozent der Wasserquellen dieses Raumes und über einen Großteil der Böden. Wie wertvoll hätten diese Landwirtschaftspioniere bei gutem Einvernehmen für die palästinensische Bevölkerung werden können![1]

[1] Zum Konflikt siehe: Friedrich Schreiber/Michael Wolffsohn: „Nahost. Geschichte und Struktur des Konfliktes“, Opladen 1996; ferner: Michael Krupp: „Zionismus und Staat Israel. Ein geschichtlicher Abriss“, Gütersloh 1992; zum erwähnten Buch Krupps „Die Geschichte des Staates Israel“ ist als Ergänzung neu erschienen: „Die Geschichte des Zionismus“ (dtb 1212, Gütersloh 2001); ferner die Bücher von Ludwig Watzal. Zum Siedlerproblem siehe Johannes Gerloff: „Jüdische Siedlungen – Kriegsverbrechen oder Erfüllung biblischer Prophetie“ (Hänssler-Verlag 2002).

6. Die Erwählung Israels – tiefster Grund der Nahostkrise

6

Der tiefste Grund der Nahostkrise sind nicht solche ernstzunehmende Fragen um Recht und Gerechtigkeit, die man beliebig erweitern und um die man endlos streiten könnte. Jeder Standpunkt auf dieser Ebene hat seinen oft ebenso berechtigten Gegenstandpunkt. Der tiefste Grund der Krise ist auf einer höheren Ebene zu suchen, nämlich in der göttlichen, in der Bibel verbürgten Erwählung Israels. Die Juden bleiben das Demonstrationsvolk Gottes im Guten wie im Bösen[1]. In ihnen widerspiegelt sich modellhaft der Sündenfall und die Erwählung der ganzen Menschheit. Sie bleiben das zu einer besonderen messianischen Aufgabe auserwählte Volk Gottes, sein Augapfel (Sach 2,8). Sie sind Erwählte dem Stande nach, aber noch nicht dem Zustande nach. Das hat das letzte Konzil gegen den Widerstand der arabischen Konzilsväter klar in Nostra Aetate, Nr. 4, gemäß Röm 11 proklamiert. Daraus einige Sätze:

„Die Kirche glaubt, dass Christus, unser Friede, Juden und Heiden durch das Kreuz versöhnt und beide in sich vereinigt hat (vgl. Eph 2,14-16). Die Kirche hat auch stets die Worte des Apostels Paulus vor Augen, der von seinen Stammesverwandten sagt, dass „ihnen die Annahme an Sohnes Statt und die Herrlichkeit, der Bund und das Gesetz, der Gottesdienst und die Verheißungen gehören wie auch die Väter und dass aus ihnen Christus dem Fleisch nach stammt“ (Röm 9,4-5). Ein großer Teil der Juden hat das Evangelium nicht angenommen. Nichtsdestoweniger sind die Juden nach dem Zeugnis der Apostel immer noch von Gott geliebt um der Väter willen; sind doch seine Gnadengaben und seine Berufung unwiderruflich (vgl. Röm 11,28-29).“

Das Konzil stellt klar, dass wir „Heidenchristen“ nicht der Kern, sondern die Zugewanderten und Aufgepfropften des Gottesvolkes sind, und dass die Gemeinde des Messias erst vollständig ist, wenn in ihr Juden und Heiden versöhnt miteinander leben (Röm 11,18; Eph 2,14ff). Die bleibende Erwählung der Juden, ob diese daran glauben oder nicht, ist der tiefste Grund des Antijudaismus und wird ständig Unverständnis, Neid und Aggressionen wecken. Kleine Anlässe genügen, um auch gebildete Christen zu Äußerungen zu bewegen wie: „Immer wollen die Juden etwas Besonderes sein! – Die verdammte Überheblichkeit der Juden ist schuld, dass es keinen Frieden im Heiligen Land gibt! – Sind nicht alle Völker gleichermaßen erwählt?! – Wenn die Juden das erwählte Volk wären, müssten sie sich anders verhalten!...“ In solchen Äußerungen zeigt sich ein radikales Unverständnis der biblischen Erwählung. Gott hat die Juden nicht erwählt, weil sie besonders gut und tüchtig sind, sondern um den Völkern seine souveräne Liebe zu demonstrieren, welche auch durch fehlerhafte, „halsstarrige“ Werkzeuge ihr Ziel, das Kommen seines Reiches, erreicht (vgl. Dtn 7,6-8; 9,5-8). Auch Jesus bestätigt diese Berufung: „Das Heil kommt von den Juden!“ (Joh 4,22).

Humanisten verurteilen die Juden bzw. Israel gerne einseitig für die Verletzung der „Menschenrechte“. Dies ist insofern berechtigt, als Gott von seinem Volk (wie auch von uns Christen) mehr erwartet als von anderen. Man wird den Juden nicht gerecht, wenn man sie gleich wie „alle andern Völker“ behandelt und beurteilt. Denn Gott hat die Juden „aus allen Völkern“ zu einem besonderen Dienst berufen, auch wenn sie sich gegen diese Berufung wehren. Ihre Sünde ist es, sein zu wollen „wie alle andern Völker“ (1. Sam 8,20). Obwohl sie sich in Deutschland als „Assimilierte“ bemühten, besonders wertvolle Deutsche zu sein, mussten sie im Holocaust schmerzlich erfahren, dass sie trotz aller Loyalität zum Anderssein „verurteilt“ sind. Wir begreifen, dass viele Juden nichts mehr wissen wollen von ihrer Sonderberufung, die ihnen durch alle Jahrhunderte so viel Leid eingebracht hat. Die Christenheit hat die Juden im Namen Jesu verfolgt und es ihnen dadurch praktisch unmöglich gemacht, in Jesus von Nazaret ihren Messias zu erkennen. Es braucht viel Umkehr und Versöhnungsarbeit von uns Christen, um diese Wunden zu heilen. Begreiflicherweise sind Juden allergisch gegen christliche Missionierungsversuche. Unser Bestreben soll es nicht sein, sie zu Christen nach unserem Sinn zu „bekehren“, sondern sie mit demütiger Liebe zu ihrer ureigenen messianischen Berufung zurückzuführen, damit sie von innen her ihren Messias erkennen können. Der Papst ist mit gutem Beispiel vorausgegangen und vor ihm Pioniere, von denen zwei erwähnt seien: Kardinal Charles Journet, der mit seinem 1944 in Paris unter dem Schock der Judenvernichtung erschienenen, mutigen Buch über das „Heil aus den Juden“[2] mithalf, den Weg zur Kopernikanischen Wende gegenüber den Juden am letzten Konzil vorzubereiten, und Heinrich Spaemann mit seiner flammenden Schrift „Die Christen und das Volk der Juden“[11]. Diese Schriften zeigen, dass man den Antijudaismus nicht mit einem aufgeklärten Humanismus und Rechtsdenken überwinden kann, sondern nur durch ein Umdenken zur liebenden Anerkennung der Berufung des Volkes Israel.

Mit anderen Worten geht es um die jüdische Identität, um die Frage: „Wer ist ein Jude“? Die genetische Abstammung kann es nicht sein, zählen sich doch Vertreter verschiedener Rassen zu den Juden. Was hält die Angehörigen aus verschiedenen Kulturen und Ländern zu dem einen jüdischen Volk zusammen? Auch säkulare Juden müssen bekennen, dass eine höhere Dimension mitspielt, die göttliche Erwählung, wie sie im Tenach, der jüdischen Bibel, bezeugt ist. In der Bibel finden die Juden ihre Identität, auch wenn sie nicht ausdrücklich an den Gott der Bibel glauben.

Die Frage um die jüdische Identität ist für die Nahostpolitik insofern entscheidend, als dieses Land vom Herrn der Geschichte primär den Juden anvertraut wurde, und die Juden dieses Land nur richtig verwalten können, wenn sie ihrer biblischen Berufung treu sind. Die Juden sind heute in einer großen Identitätskrise. Viele suchen ihre Identität nicht in der Beziehung zum lebendigen Gott wie Mose am brennenden Dornbusch, sondern in der Vergötzung ihres Landes (Erez Jisrael), ihrer Geschichte und Vorzüge, oder in einer veräußerlichten Orthodoxie, wie sie schon die Propheten angeprangert haben (Jes 29,13; Mt 15,8f), oder in der Klage über den Holocaust und ihr Verfolgtsein. Ähnlich haben auch viele Christen ihre Identität als Christen verloren, indem sie nicht in der Heilsbotschaft Christi verwurzelt sind, sondern nur noch kulturell-soziologisch mit dem „Christentum" verbunden sind. Ein wichtiger Auftrag von uns Christen ist, die Juden einfühlend von ihrer Bibel her in ihrer Berufung als geliebtes Gottesvolk zu bestärken. Messianische Juden bezeugen, dass sie durch den Messias Jeschua ihre jüdische Identität und die persönliche Beziehung zum lebendigen Gott der Bibel (wieder) gefunden haben. Nur aufgrund der persönlichen Beziehung zum Gott der Bibel und der Treue zu seinem Bund wird die Zukunft der Juden im „Land" Bestand haben (Dtn 28,45ff).

[1] Am tiefsinnigsten hat dies Eugen Mederlet OFM dargestellt in seinem Artikel: „Das Geheimnis Israels" in „Der Republikaner" (Zürich, Jg 48, Nr. 5, 30. Jan. 1964). Eine Neuausgabe mit meinem Kommentar ist bei mir erhältlich.

[2] „Destinées d`Israel - À propos du Salut par les Juifs". Journet bejaht die Gründung eines Staates Israel, aber sieht prophetisch die daraus entstehenden Konflikte voraus. - Bei mir ist eine Zusammenfassung und Würdigung erhältlich.

7. Das „Land“ - Zankapfel oder Modell friedlichen Zusammenlebens?

Die Frage „Wem gehört das Heilige Land?“ kann Menschen arg entzweien. Mit der auf die Bibel sich stützenden Behauptung, dass das Land Israel/Palästina durch göttlichen Ratschluss unlöslich mit dem jüdischen Volk verbunden sei, gelangen wir zum innersten Kern der Nahostkrise. Diese Behauptung muss unweigerlich Protest und Konflikte auslösen. Einmal von Seiten der Palästinenser, die dieses Land ebenfalls ihr eigen nennen, dann aber auch von allen, denen die biblischen Verheißungen als Norm für heutiges politisches Handeln nicht einleuchten und welche den jüdischen Anspruch auf dieses Land als Widerspruch zum Menschen- und Völkerrecht empfinden. Hier zeigt es sich, dass Gottes Pläne und Rechtsauffassung nicht immer der Menschenmeinung entsprechen (Jes 40,13f) und dass die säkulare und die biblische Sicht sich nicht immer decken. Und doch dürfen wir von der Voraussetzung ausgehen, dass Gottes Plan, bezeugt im biblischen Wort, letztlich allein die „road map“ zum Frieden in Gerechtigkeit ist. Es ist vorauszuschicken, dass die meisten Juden dieses Land nicht exklusiv für sich beanspruchen, sondern durchaus bereit sind, es mit den alteingesessenen Einwohnern zu teilen.[1] Allerdings ließen die ständigen Angriffe von arabischer Seite da und dort Pläne von „Transfers“ aufkommen: die Araber, die nicht mit Juden friedlich zusammenleben wollen, in arabische Länder zu transferieren, wie ja auch viele Juden aus arabischen Ländern vertrieben wurden.

Kritische Anfragen von Lesern der ersten Auflage drängten mich, dieses Kapitel wesentlich zu erweitern. Ein wohlwollender Kritiker bemerkte, dass *„manche Leser/innen wohl etwas Mühe haben werden mit der Aussage über die von Gott gestiftete Verbindung der Juden als Volk mit ihrem Land, das er ihnen verheißen hat, wie ebenso, dass er sie aus der Verbannung wieder ins Land der Väter heimführen und heute, wie im Alten Bund, »mit starkem Arm« in die Weltgeschichte eingreifen und Zion zum Zeichen unter den Völkern machen werde. Wir wissen, dass auch die Jünger in einer solchen Erwartung lebten und bereits träumten von den ersten Ministerposten, wenn Jesus sich nun als Messias offenbare. Es kam ganz anders. Ähnlich zogen die christlichen Eroberer mit dem Bewusstsein eines biblisch begründeten Rechts auf das Land der Heiden nach Amerika, drängten die Indianer aus ihrem Land, das ihnen heilig war, zurück, rotteten sie in Nordamerika fast aus, schleppten in Südamerika Afrikaner als Sklaven in die Plantagen und Bergwerke, und Ähnliches taten die kalvinistischen Buren aus Holland in Südafrika. Eine schlimme Wirkungsgeschichte einer »biblischen« Idee!“* Man könnte gleich den weiter verbreiteten Vorwurf dazunehmen: die Juden, die bis zum Holocaust die Verfolgten waren, nur die Opferrolle kannten und sich nicht zu wehren wussten, hätten nun die Rolle gewechselt und seien selber zu Unterdrückern geworden, den Nazi gleich. – Diese Behauptungen und Bedenken gilt es im Folgenden schrittweise zu entwirren.

7.1. Landverheißung im Ersten Testament

7

Das Erste (Alte) Testament zeigt eindeutig, dass die Juden „auf ewig" durch göttliche Stiftung mit dem ihnen „verheißenen Land" verbunden sind. Gott selber hat in besonderem Sinn seine Hand auf dieses Land gelegt als Schauplatz und Ausgangsbasis seines Heilswirkens. Als dessen Mittelpunkt hat er „für immer" Jerusalem als seine Königsstadt erwählt. Von hier aus wird er seine Friedensherrschaft über alle Völker aufrichten. Er selber bleibt Besitzer dieses Landes: „Ihr (die Israeliten) seid nur Fremde und Halbbürger bei mir" (Lev 25,23), d.h. sie sind letztlich nicht Eigentümer, sondern nur Pächter, Verwalter, Belehnte, die Rechenschaft ablegen müssen über ihre Verwaltung. Weil sie nicht Eigentümer sind, dürfen sie das Land nicht eigenmächtig z.B. um eines faulen Friedens willen weggeben (Lev 25,23), was auch für die heutigen Politiker nicht ohne Belang ist. Wenn die Söhne Israels ihrem Gott treu sind, wird es ihnen gut gehen im Land, wenn sie von ihm abfallen und ihre eigenen Wege gehen, wird er sie zur Strafe aus dem Land vertreiben (Dtn 29,21-28; 30,15-20).

Die massivste und längste Vertreibung und Zerstreuung (= griech. Diaspora) unter alle Völker erlebten die Juden durch die Römer, beginnend mit der Zerstörung Jerusalems 70 n.Chr. unter Titus und besiegelt mit der Niederlage im jüdischen Krieg 132-35 n.Chr. Bibelgläubige Juden sehen dies bibelgemäß als Strafe, auch wenn sie es nicht mit dem Tod Jesu in Verbindung bringen. Schon vor Christus sahen Juden auch die positive Seite der Vertreibung: Durch die Zerstreuung in alle Welt kam die Heilsbotschaft des Gottes Israels unter die Völker. Tobit besingt dies in seinem Lobgesang (Tob 13,1-18; vgl. Jer 29,1-23; Sir 36,1-22): „Bekennt euch zu ihm vor allen Völkern, ihr Kinder Israels; denn er selbst hat uns unter die Völker zerstreut. Verkündet dort seine erhabene Größe... Er züchtigt uns wegen unserer Sünden, doch hat er auch wieder Erbarmen. Er führt uns aus allen Völkern zusammen, von überall her, wohin ihr verschleppt worden seid..."

7.2. Endzeitliche Heimkehrverheißungen

Überwältigend sind die biblischen Verheißungen, dass Gott sein Volk in der messianischen Zeit wieder endgültig in das ihm zugesprochene Land zurückführen wird. Tom Hess zitiert in seinem Buch „Zieh aus mein Volk" (Lübeck 1993) rund 700 Bibelverse, die in diese Richtung weisen. Man lese etwa: Jes 11,11f; 35,10; 43; 60; Jer 31,8-14; 32,37; Ez 36,24-28; 37,12. 47mal bekräftigt Gott in der hebräischen Bibel gar mit einem Schwur seine Verheißung, den Israeliten dieses Land zu geben (z.B. Jes 62,8; Jer 11,5; Ez 36,7; 47,14). Ein erschreckender Gegensatz zur heutigen Situation fällt dabei auf: in mehreren dieser Verheißungen heißt es, dass die Juden nach ihrer Heimkehr „für immer in Sicherheit wohnen werden" (Ez 28,26; 39,26;

Am 9,15; Jes 60,21). Heute leben die Israelis alles andere als in Sicherheit! Manche wagen sich aus Angst vor Terroranschlägen kaum auf die Strasse.

Die Bibel antwortet darauf, dass die Sicherheit wesentlich mit dem Messias verbunden ist: Der in Betlehem-Efrata geborene Davidssohn „wird auftreten und ihr Hirte sein in der Kraft des Herrn, im hohen Namen JHWH's, seines Gottes. Sie werden in Sicherheit leben; denn nun reicht seine Macht bis an die Grenzen der Erde. Und er wird der Friede sein" (Mich 5,1-4; Eph 2,14; Jes 9,5f). Erst die Umkehr der Juden und Völker zu Gott und seinem Gesalbten (Messias) wird den Frieden bringen (Sach 12,10; Offb 1,7). Davon ist auch die rabbinische Überlieferung überzeugt.[2]

Diese endzeitliche Heimkehr ist, vor allem bei Ezechiel und Dt-Jesaja, ein leuchtendes Zeichen, wodurch sich Gott vor allen Völkern als Herr der Geschichte offenbart und sie zum Aufhorchen provoziert. „Meinen großen, bei den Völkern entweihten Namen, den ihr mitten unter ihnen entweiht habt, werde ich wieder heiligen. Und die Völker – Spruch Gottes, des Herrn – werden erkennen, dass ich der Herr bin, wenn ich mich an euch vor ihren Augen als heilig erweise. Ich hole euch heraus aus den Völkern, ich sammle euch aus allen Ländern und bringe euch in euer Land..." (Ez 36,23f; 39,23-27). Bei der triumphalen Heimkehr aus der Gefangenschaft Babylons „offenbart sich die Herrlichkeit des Herrn, und alle Sterblichen („alles Fleisch") werden sehen, dass der Mund des Herrn gesprochen hat" (Jes 40,5; 41,20; 45,14-25).

Vordergründig beziehen sich diese Schriftstellen auf die Heimkehr aus der babylonischen Gefangenschaft unter dem Perserkönig Kyros. Doch bei näherem Zusehen merkt man bald, dass diese vergangene Heimkehr als schwaches Vorausbild der weit großartigeren, endgültigen Heimkehr in der messianischen Zeit verstanden wird. Dies zeigt sich beim Zweiten Jesaja (Jes 40-55) darin, dass die glanzvolle Schilderung der Heimkehr verquickt wird mit den Gottesknechtsliedern, den Vorausbildern des für sein Volk leidenden Erlösers (Jes 42,1ff; 49,1ff; 50,4ff; 52,13ff), mit der Schilderung der endzeitlichen Geistausgießung (Jes 44,1-5) und der Herrlichkeit des neuen Jerusalems (Jes 2,2-5; 49,18ff; 60). Eine ähnliche Verbindung der Heimkehr mit dem davidischen Messias und der Geistausgießung findet sich bei Jeremia und Ezechiel (Jer 23,5; 31,33; 33,15ff; Ez 11,19; 34,23f; 36,27; 37,24f). Diese Aussagen sind so klar, dass die orthodoxen Juden keinen Zweifel haben, die angeführten Heimkehrverheißungen auf die messianische Zeit zu beziehen.

Wie soll gemäß der Bibel diese Heimkehr geschehen? Die Verheißungen sind vorwiegend pazifistisch und stehen im Gegensatz zur kriegerischen Art, wie das Buch Josua die Eroberung des Landes als glaubensstärkende Lehrerzählung (nicht als Historie) schildert. Die Heimkehr ist Werk Gottes, geschieht wie ein Triumphzug zur Ehre Gottes. Die Völker werden die Juden „auf Rossen und Wagen, in Sänften, auf Maultieren und Dromedaren" heimführen „zu meinem heiligen Berg" (Jes 66,20). Auf solche Stellen berufen sich die christlichen Organisationen, welche Juden zur Einwanderung"[3] verhelfen, besonders aus Ländern, in denen Judenverfolgung droht.

7

Allerdings ist in anderem Sinn bei der endzeitlichen Heimkehr der kriegerische Aspekt nicht ausgeschlossen, nämlich in dem Sinn, dass alle Völker, die sich mit Militärgewalt gegen Israel/Jerusalem wenden, um Gottes Plan zu verhindern, selber unter dem Schwert umkommen werden. Gott selber wird gegen sie kämpfen, so wie er damals die Israeliten „„mit hoch erhobenem Arm" aus Ägypten herausgeführt und „sieben Völker im Land Kanaan vernichtet und ihr Land ihnen zum Besitz gegeben hat" (Apg 13,18f; Ex 6,1.6; Dtn 1,30f; 7,1). Besonders dramatisch ist dies in Sach 12,1 – 13,1 geschildert, wo die Rettung Jerusalems vor dem tollwütigen Angriff der umliegenden Feindvölker auf Grund der reuevollen Umkehr zum durchbohrten Retter (vgl. Jes 53,5; Ps 22,17) geschieht. Herauszuheben ist, dass nicht die Einwohner Jerusalems und Judas die Angreifer sind, sondern von Gott benutzt werden, auf wunderbare Art den Angriff der Feinde abzuwehren (vgl. Ps 149,6; Jes 41,15f). Angewandt auf die heutige Situation gibt die Schrift den Israelis keine Rechtfertigung, das Land mit Gewalt zu erobern und die Palästinenser zu vertreiben, wohl aber die Zusicherung, dass Gott sie auf wunderbare Art vor Angriffen bewahrt und die Feinde demütigt – vorausgesetzt ein Minimum an Bundestreue. In diesem Sinn werden gern die unerwarteten Siege der Israelis 1948, 1967 und 1973 gegen die militärisch übermächtigen arabischen Angreifer gedeutet: Gott wollte seinem Volk zeigen, dass es letztlich nicht auf die Stärke von „Ross und Wagen" ankommt (Ps 33,16f; 44,7f; Sach 4,6). Manche jedoch befürchten zurecht, dass Israel zu seinem Schaden diese Lehre nicht genügend zu Herzen nimmt.

Das Alte Testament zeigt an manchen Stellen, wie Gott sich nach Feindeseinbruch oder sonstigen Strafgerichten wieder rettend seinem Volk zuwendet, sobald es reuevoll zu ihm umkehrt: „Da erwachte im Herrn (als Antwort auf die Volksbuße) die Leidenschaft für sein Land, und er hatte Erbarmen mit seinem Volk" (Joël 2,18; vgl. Sach 1,14; 8,2; Jer 7,3ff; 25,5). Beachte die Koppelung von Volk und Land: Gott eifert für sein Volk und Land. Letztlich ist Umkehr eine Gnade Gottes, mit der Frucht: „Sie werden sicher in ihrem Lande wohnen" (Ez 36,25-38).

7.3. Die Grenzen des Landes

Welches ist der Umfang des Verheißenen Landes? Die biblischen Angaben gehen auseinander.[4] Dem Abraham verhieß Gott, seinen Nachkommen (wobei an dieser Stelle Ismael, der Stammvater der arabischen Völker, nicht ausgeschlossen ist) „dieses Land vom Grenzbach Ägyptens bis zum großen Strom, dem Eufrat“ zu geben (Gen 15,18). Nach 2. Chr 30 (vgl. Num 34,1-12) reichen die Grenzen von „ganz Israel“ von Dan im Norden bis Beerscheba im Süden. Die von Gott „mit erhobener Hand zugeschworenen“ Grenzen des in der messianischen Zeit erneuerten Israel sind ausführlich beschrieben in Ez 47,13-23: Sie reichen vom Mittelmeer bis zum Jordan; auch das heutige Syrien und der Libanon gehören weitgehend dazu. Das ist aber keineswegs eine Legitimation für Israel, diese Gebiete eigenmächtig zu erobern, wohl aber möglicherweise die Verheißung, dass ihm diese Gebiete entweder als Folge ungerechter Angriffe (wie im Sechstagekrieg) wie von selbst zufallen werden, oder gar als Frucht eines tiefen Umdenkens der mitbeteiligten Völker.

Man wirft den Juden Träume eines „Groß-Israel“ vor. Dieser Vorwurf zerrinnt schon bei einem flüchtigen Blick auf die Landkarte. Die Staatsgrenzen Israels (21 000 km^2, die Hälfte der Schweiz) sind im Vergleich zu den vier anstoßenden arabischen Ländern rund 60mal kleiner. Auch wenn Israel die „besetzten Gebiete“ annektieren würde, wäre das „Groß-Israel“ immer noch verschwindend klein im Vergleich mit den arabischen Ländern.

7.4. Bestätigt das Neue Testament die Landverheißungen?

Für Christen ist dies eine entscheidende Frage, denn für sie ist Christus bzw. das auf ihn sich stützende Neue Testament, die authentische Auslegung der Schrift. Dieses Auslegungsprinzip spielte schon im Alten Testament, wo die je späteren Schriften die älteren Schriften gemäß der neuen Situation auslegten und neues Licht in sie hineinbrachten.

a) Als Einwand bringt man gern die vom zitierten Kritiker angeführte Antwort Jesu auf die Frage der Jünger nach den „Ministersesseln“ im allzu irdisch verstandenen, vom Messias erhofften „Reiche Israels“ (Mt 20,21; Apg 1,6). Man erwartete einen Messias, der das Land von der Fremdherrschaft Roms befreit und das Königreich Davids wieder aufrichtet. Jesus weigert sich, als politischer Messias aufzutreten: „Mein Königtum ist nicht von dieser Welt“ (Joh 18,36; 6,15). Jesus scheint die Landverheißungen auf eine höhere Ebene zu sublimieren: „Selig die Sanftmütigen (die keine Gewalt anwenden), denn sie werden das Land erben (also nicht mit Gewalt erobern)“ (Mt 5,5; Ps 37,11). Er distanziert sich scharf von den Zeloten, die mit Gewalt ein politisches Reich Israel (einen „Staat Israel“) aufrichten wollten. – Allgemein fällt auf, wie im Neuen Testament die Landverheißungen und die Verheißung der „Wiederherstellung Israels“, die im Alten Testament ein so großes Gewicht haben, praktisch keine Rolle mehr spielen. Sind sie durch Jesus überholt?

b) Betrachten wir genauer Apg 1,6: Die Jünger fragen: „Herr, stellst du in dieser Zeit das Reich für Israel wieder her?" Jesus stellt keineswegs in Abrede, dass er „das Reich für Israel" wieder herstellen wird, sondern verschiebt den Zeitpunkt in die Ferne und lenkt die Aufmerksamkeit der Jünger auf das vordergründig anzugehende Ziel: seine Reichsbotschaft zu allen Völkern zu tragen (Apg 1,8; Mt 28,19; Mk 16,15; Lk 24,47). Lukas verdeutlicht dies mit seinem heilsgeschichtlichen Phasenplan. Nach der „Zeit Jesu", „die sich in Jerusalem erfüllen sollte" (Lk 9,31), folgt die „Zeit der Heiden", während der die Glaubensboten zu den Heidenvölkern gehen und Israel vorübergehend ins Abseits gestellt wird. Während dieser Zeit „wird der Zorn (Gottes) über dieses Volk kommen. Mit scharfem Schwert wird man sie erschlagen, als Gefangene wird man sie in alle Länder verschleppen, und Jerusalem wird von den Heiden zertreten werden, bis die Zeiten der Heiden sich erfüllen" (Lk 21,23f). Bis zum Schluss seines Doppelwerkes (Lk+Apg) hält Lukas die Hoffnung aufrecht, dass sich nach der „Zeit der Heiden" Gott wieder seinem Volk Israel zuwendet. Überall, wo Paulus hinkommt, wendet er sich zuerst an die Juden: „Euch musste das Wort Gottes zuerst verkündet werden. Da ihr es aber zurückstoßt und euch des ewigen Lebens unwürdig zeigt, wenden wir uns jetzt an die Heiden" (Apg 13,46; Röm 1,16; vgl. Apg 3,19f.26). Noch am Schluss der Apostelgeschichte bezeugt Paulus vor den sich der Heilsbotschaft verweigernden Juden: „Um der Hoffnung Israels willen trage ich diese Fesseln" (Apg 28, 20). Paulus glaubt also trotz allen Enttäuschungen an die große Wende, in der sich Gott wieder seinem Volk Israel zuwenden wird. Ausführlich begründet Paulus diese Hoffnung im Römerbrief (9-11). Nach der Gnadenzeit für die Heiden wird sich an Israel erfüllen, was schon die an das Messiasheil glaubenden Juden im Kindheitsevangelium (Maria, Josef, die Hirten, Simeon, Hanna u.a.) bezeugen: dass sich Gott neu durch den Sohn der Jungfrau „seines Knechtes Israel angenommen hat" (Lk 1,45.54f.68-79; 2,20.29ff.38). Diese Hoffnung drückt sich auch in der Heilandsklage aus: „Jerusalem, Jerusalem, du tötest die Propheten... Wie oft wollte ich deine Kinder um mich sammeln, so wie eine Henne ihre Küken unter ihre Flügel nimmt, aber ihr habt nicht gewollt. Darum wird euer Haus (von Gott) verlassen. Ich sage euch: Ihr werdet mich nicht mehr sehen, bis die Zeit kommt, in der ihr ruft: Gesegnet sei er, der kommt im Namen des Herrn!" (Lk 34f; Jer 12,7; Ps 118,26). Es kommt also nach der „Zeit der Heiden" die Zeit, wo „ganz Israel" seinem Erlöser zujubeln wird (vgl. Röm 11,12.26).

c) Beachte die Rolle Jerusalems im lukanischen Phasenplan: Die „Zeit Jesu" ist vom Kindheitsevangelium an konsequent auf Jerusalem ausgerichtet, „wo sich alles erfüllen sollte" (Lk 9,31.51.53). Für die „Zeit der Heiden" werden umgekehrt die Jünger von Jerusalem weg „bis an die Grenzen der Erde" gesandt, wobei die heidnische Metropole Rom durch die Apostel Petrus und Paulus vorübergehend die Mitte der Weltmission wurde (siehe den Schluss der Apostelgeschichte und den Römerbrief). Für die „Zeit Israels" wendet sich wiederum die

Ausrichtung auf Jerusalem zu, wo die Christenheit und Menschheit ihre Mitte und ihren Frieden finden wird. Diese Blickrichtung gilt es einzuüben.

d) Die Erfüllung der Landverheißungen mit der Heimkehr der Zersprengten ins „Land" ist eine selbstverständliche Konsequenz der Hinkehr Israels zu seinem Messias, dem „Sohne Davids". Jesus bestätigt voll die alttestamentlichen Verheißungen: „Denkt nicht, ich sei gekommen, um das Gesetz und die Propheten aufzuheben, sondern um zu erfüllen. Amen, das sage ich euch: Bis Himmel und Erde vergehen, wird auch nicht der kleinste Buchstabe des Gesetzes vergehen, bevor nicht alles geschehen ist" (Mt 5,17f). „Er ist das Ja zu allem, was Gott verheißen hat" (2 Kor 1,20; Offb 3,14). Die Landverheißungen, die einen breiten Raum „im Gesetz und den Propheten" einnehmen, gehören gewiss nicht zu den „kleinsten Buchstaben".

Bei christlichen Antisemiten und Israelkritikern beobachtet man oft ein gebrochenes Verhältnis zum Alten Testament, zur Bibel des erstbundlichen Gottesvolkes. Sie glauben, dieses nach ihrem (oft beschränkten) Verständnis des Neuen Testamentes zurechtstutzen zu müssen (u.a. durch Streichung für sie unzumutbarer Psalmverse). Sie stellen den „alttestamentlichen, kriegerischen Gott" in Gegensatz zum (angeblich) „menschenfreundlicheren Gott unseres Herrn Jesus Christus". Diese Neigung des Auseinanderreißens beider Testamente hatte seinen Höhepunkt unter dem Häretiker Markion (Anfang 2. Jh.), der von der Kirche verurteilt wurde. Diese Verurteilung hat auch heute nichts von ihrer Aktualität eingebüßt. Jesus selber stellte sich voll hinter die Botschaft der hebräischen Bibel, die für ihn das Wort seines Vaters war und von ihm redete als dem Vollstrecker von Gottes Heilsplan (Mt 21,42; 22,29; 26,54.56; Lk 24,27.45f; Joh 5,39 u.a.).

Beide Teile der Schrift erhellen sich gegenseitig. Erst Jesus bringt das volle Licht in das „Gesetz und die Propheten" und entschlüsselt ihre Rätsel, doch umgekehrt verliert die Botschaft Jesu ihre Kraft und bleibt sein Lebenswerk unverständlich ohne das deutende Licht der hebräischen Bibel.[5] Gerade das heutige Geschehen um Israel kann uns zu einem tieferen, erdnaheren Verständnis beider Testamente führen und erfährt umgekehrt daraus seine tiefere Deutung.

7.5. Die „Wiederherstellung Israels"

Die für die Endzeit verheißene Heimkehr der Juden in ihr Land ist Teil der verheißenen „Wiederherstellung Israels", ein biblischer Schlüsselbegriff. Auch die Apostel und Paulus erwarteten von Jesus die „Wiederherstellung Israels", zu der die Heimkehr ins verheißende Land mit der „Wiederaufrichtung der Stämme Jakobs" gehört (Apg 1,6; 3,20f; 28,20; Röm 11,26f; Mt 5,17f; 17,11; Mal 3,23f; Sir 48,10; Jak 1,1). Jesus als der messianische

Davidssohn (Lk 1,32; Mt 21,9) „wird die zerfallene Hütte Davids wieder aufrichten; ich werde sie aus ihren Trümmern wieder aufrichten und werde sie wiederherstellen, damit die übrigen Menschen den Herrn suchen, auch alle Völker, über denen mein Name ausgerufen ist – spricht der Herr, der es ausführt“ (Apg 15,16f; Am 9,11f).

Allerdings betont das Kindheitsevangelium Lk 1-2 mit der anschließenden Verkündigung des Vorläufers Johannes klar, um was es im Tiefsten bei der „Wiederherstellung“ geht: um Versöhnung durch Umkehr und „Vergebung der Sünde“, „dass wir, aus Feindeshand befreit, ihm furchtlos dienen in Heiligkeit und Gerechtigkeit vor seinem Angesicht all unsere Tage“ (Lk 1,73ff; 3,3-18).

Jesus begnügt sich nicht mit der „Wiederherstellung Israels“ im nationalistischen Sinn, sondern öffnet den Blick auf die universale „Wiederherstellung von allem“, wofür die „Wiederherstellung Israels“ der Kern und das Angeld ist (Apg 1,7f; 3,21). Dies zeigte schon das obige Zitat aus Apg 15,16f / Am 9,11f: Das Wirken Gottes an Israel bezweckt, „dass die übrigen Menschen den Herrn suchen, auch alle Völker...“ So auch Jes 49,6: „Es ist zu wenig, dass du mein Knecht bist, nur um die Stämme Jakobs wieder aufzurichten und die Verschonten Israels heimzuführen (dies auch!). Ich mache dich zum Licht für die Völker; damit mein Heil bis an das Ende der Erde reicht.“

Aus obigem Befund ist klar: Das Neue Testament bestätigt eindeutig die Land- und Rückkehrverheißungen an Israel, doch stellt es sie in den Hintergrund, weil die Jesusjünger sich in der „Zeit der Heiden“ voll der Evangelisierung der Völker widmen sollen. Gott hat seinen Zeitplan. Doch sensibilisiert uns dasselbe Neue Testament für die „Zeichen der Zeit“ (Lk 12,54ff), damit wir erkennen, wann die „Zeit der Heiden“ am Ablaufen ist und Gott sich wieder „mit starkem Arm“ seinem Volk Israel zuwendet. In diesem Zusammenhang steht das Gleichnis Jesu vom Feigenbaum (Lk 13,6ff; Mt 21,18ff), der ein Sinnbild des Volkes Israel ist (Jer 8,13; Hos 9,10). Wenn der Feigenbaum Israel ausschlägt und Früchte ansetzt, ist dies das Zeichen, dass Gott sich wieder seinem Volk zuwendet und uns zur Mitarbeit aufruft. Wehe, wenn wir dieses Zeichen übersehen!

Ein starkes „Zeichen der Zeit“ dafür, dass wir heute in der Übergangsperiode von der „Zeit der Heiden“ zur „Zeit Israels“ stehen, sind die Ereignisse rund um Israel mit der Abfolge Holocaust (Karfreitag) und Gründung des Staates Israel (Auferstehung).[6] Die Rückeroberung der Altstadt von Jerusalem im Sechstagekrieg 1967 „aus der Hand der Heiden“ deutet man gern im Licht von Lk 21,24 / Sach 12,3: Bis dahin wurde Jerusalem „von den Heiden zertreten“: die Jordanier hatten die vielen Synagogen zerstört und daraus z.T. Kloaken gemacht. Und nun haben die Juden die Synagogen

7

wieder schmuckvoll aufgebaut und die Westmauer, die Erinnerung an den Tempel und darum die heiligste Städte der Juden, wieder der Öffentlichkeit als Gebetsstätte zugänglich gemacht.[7] Die Rückeroberung der Altstadt wurde unter Freudentränen unter dem Schall des liturgischen Widderhorns (Schofar) als Werk des Höchsten gefeiert.

Betreffs Phasenplan im Ablauf der Heilsgeschichte mahnte mich ein Theologe, zurückhaltender zu sein und nicht in den Fehler der Sekten zu verfallen, die detailliert den „Endzeitfahrplan" durch willkürliches Zusammenwürfeln von Schriftstellen heraustüfteln. Immer wieder habe man sich geirrt in der Deutung der „Zeichen der Zeit" und der chronologischen Festlegung von prophezeiten Ereignissen. Gewiss stellt uns Gott immer wieder vor Überraschungen. Dennoch bleibt die Mahnung, in den Zeitereignissen Gottes Weisungen zu erkennen und darauf zu reagieren (vgl. Mt 24,15ff). Viele Prophetentexte erhellen sich erst im Licht des Heiligen Geistes, wenn die Zeit dafür reif ist (Joh 16,13; vgl. Jes 8,16). Unübersehbar sind heute die Zeichen, dass Gott sich wieder seinem Volk zuwendet und uns als Krisenhelfer zusammenruft. Glücklicherweise wächst heute unter Bibelgläubigen der Konsens darüber. Der Holocaust zeigt, dass Christen ihren Auftrag verschlafen können, wozu auch heute die Gefahr besteht."

Als Bestätigung, dass die Juden die rechtmäßigen Verwalter des Landes sind, kann man sein Aufblühen sehen. Unter den Moslems ist das Land verkommen mit Wüsten, Sümpfen, wenig Bäumen und Einwohnern. Unter den Juden wurden Wüsten zum Fruchtland (Jes 32,15-20 u.a.), schmucke Städte wuchsen aus den Sanddünen. Dank der Aufforstung mehrte sich der Regen.[8]

7.6. Triebkraft und Grundcharta der Geschichte Israels ist bis heute die Bibel

Im jüdischen Selbstverständnis hat sich die unlösliche Verkoppelung von Volk und Land bis heute durchgehalten. Trotz Behinderung vermochten die Juden auch unter fremden Herrschaften (Byzantiner, Türken u.a.) ständig ihre Präsenz im Land der Väter aufrecht zu halten. Am Pessachfest wünscht man sich: „Nächstes Jahr in Jerusalem!" Im täglichen Gebet beten gläubige Juden noch heute um die Heimführung der Verbannten aus dem Exil, den Wiederaufbau Jerusalems und das Kommen des Messias aus dem wiederaufblühenden Stamme Davids.[9]

Die frühen zionistischen Einwanderungswellen (ab 1857 mit Sir Moses Montefiore) waren nicht primär biblisch motiviert. Dennoch sind die biblischen Verheißungen als hintergründige Triebkraft nicht zu übersehen. Der israelische Premierminister Ben Gurion erklärte richtig beim allgemeinen

Zionistenkongress 1957: „Das Leiden der Juden in der Diaspora, ob wirtschaftlich, politisch oder kulturell, stellte einen mächtigen Faktor für die Rückkehr der Juden in ihr Land dar. Jedoch war es nur die messianische Vision, die diesen Faktor fruchtbar machte und zur Gründung des Staates Israel führte. Das Leiden allein erniedrigt, Unterdrückung vernichtet; wenn wir nicht von den Propheten die messianische Vision der Erlösung geerbt hätten, hätte das Leiden des jüdischen Volkes zu seinem Aussterben geführt. Das Zusammenführen der Verbannten, die Rückkehr des jüdischen Volkes in sein Land stellt den Neubeginn der Realisierung der messianischen Vision dar." Auf die Frage nach der Charta des neuen Staates antwortete Ben Gurion: „Unsere Charta ist die Bibel!"

Als Theodor Herzl 1897 unter dem Druck der Judenverfolgung in Basel den ersten Zionistischen Kongress einberief und zur Schaffung eines jüdischen Staates aufrief, sträubten sich viele Juden gegen diese Vision der „Heimkehr". Jene, die sich „bei den Fleischtöpfen Ägyptens" (z.B. in USA) wohl fühlten, scheuten die Mühen der Aufbauarbeit in einem armen Land, und die Orthodoxen hielten eine Staatsgründung als Frevel, da nur der Messias, wenn er kommt, das Reich Israel aufbauen könne. Gott selber musste durch die Ereignisse die Juden drängen, wieder in ihr Land heimzukehren. Gemäß der Vision der Erweckung der Totengebeine (Ez 37) geschieht die „Wiederherstellung Israels" in zwei Etappen: Zuerst kommt die äußere Zusammenführung der Juden „aus allen Ländern, in die ich sie zerstreut habe", wie es mit der Staatsgründung Israels von 1948 geschehen ist. Doch wichtiger ist die noch ausstehende zweite Etappe: Die innere Erweckung durch den Heiligen Geist, durch die Israel seinen Messias erkennen wird (Sach 12,10ff). Das wird sein wie eine Auferstehung, wie „Leben aus den Toten" (Röm 11,15). Eine Vorhut dieser Erweckung sind die seit 1967 stark anwachsenden „messianischen (jesusgläubigen) Juden", über die wir im 9. Kapitel mehr vernehmen.

In der rabbinischen Tradition wird die „Wiederherstellung Israels" als Volk in seinem Land auch bezeichnet als „Erlösung Israels".[10] Christen sind versucht, darin einen Gegensatz zum christlichen Erlösungsglauben zu sehen: die Christen würden an eine geistliche Erlösung aus der Sünde glauben, die Juden eine bloss äußerliche Erlösung erwarten mit den genannten innergeschichtlichen Ereignissen (Heimführung, Wiederaufbau Jerusalems, Kommen des Messias). Doch in Wirklichkeit gehören beide Sichtweisen zusammen wie Seele und Leib. Die rabbinische Tradition sieht durchaus auch die geistliche Seite der Erlösung mit den Aspekten: Reue über die Sünde, Umkehr zu Gott, Sündenvergebung, Heiligung, Halten der Gebote und gute Werke (hebr. mitzwot). Dabei ist sich auch der gläubige Jude bewusst, dass man die Erlösung als Gnadengabe nicht mit guten Werken erkaufen, wohl aber sie beschleunigen kann. Da zur Erlösung die

Heimkehr ins „Land" gehört, trägt man zur Erlösung bei, wenn man sich zum Schriftstudium im „Land" ansiedelt. Dazu der Ausspruch aus dem Talmud: „Das Wohnen im Land wiegt alle (anderen) Gebote und guten Werke der Torah auf." Im Talmud findet sich auch die in Ez 37 dargestellte Reihenfolge bestätigt: Zuerst kommt die äußere Wiederherstellung durch Heimführung der Stämme Israels, dann erst die innere Wiederherstellung durch Ausgießung des Heiligen Geistes. Darum dürfen wir Christen (besonders wenn wir uns als „Wiedergeborene" bezeichnen) von den heimgekehrten Juden nicht ein Verhalten erwarten, das einem „Geistgetauften" im Sinn von Ez 36,27; 37,6.10 entspricht und das man bei den meisten Christen vermisst.

Ziel der Erlösung ist bei gläubigen Juden das Wohnen Gottes unter seinem Volk gemäß der „Bundesformel": „Ich will ihr Gott sein und sie sollen mein Volk sein." Die Erlösung geht schrittweise, mit Rückschlägen, vor sich. „Die gelegentlichen Unterbrüche im allmählichen Voranschreiten zur Erlösung hin werden immer mehr erfüllt vom großen Licht Gottes, welches auf dem Antlitz unseres gerechten Messias widerstrahlt, der in seinem Schritttempo uns näher kommt und uns in seinem Voranschreiten neuen Auftrieb bringt gemäß dem Ausspruch: »Obwohl ich im Finstern sitze, ist der Herr ein Licht für mich«.[11]

Damit können wir beim Judentum eine ganzheitlichere, erdgebundenere Sicht der Erlösung lernen. Wir Christen haben die geistlichen Heilsgaben der Erlösung zu sehr von ihrem erdgebundenen, geschichtsnahen Untergrund gelöst und sie ins Himmlische sublimiert. Das Alte Testament lehrt uns mit seiner Erdennähe, dass das „Wort" wieder „Fleisch" werden möchte, auch in der Beziehung des Demonstrationsvolkes zu seinem Land. Diese Erdennähe spüren wir auch im Neuen Testament, u.a. in den Hymnen des Kindheitsevangeliums nach Lukas (1,46ff. 68ff; 2,14.29ff), in denen die Erlösung Israels als Nation besungen wird.

Einer der entleibten Sublimierung entgegengesetzten Sicht der Erlösung sind die meisten Politiker in Israel und anderswo verfallen, indem sie die „Erlösung" rein profan-innerweltlich als Rettung vor dem Terrorismus und als Sicherung des irdischen Wohlstandes sehen und daran scheitern müssen.

7.7. Was lehrt die Kirche?

Schon früh verfiel die alte Kirche dem Irrtum der „Enterbungs- oder Ersatztheologie". Dies besagt, dass Israel (d.h. die Juden) wegen der Verwerfung des Messias von allen seinen Verheißungen enterbt wurde und dass diese Verheißungen nun auf die christliche Kirche übertragen wurden, so dass diese nun Israel „ersetzt" und an seine Stelle getreten ist, allerdings mit der

Einschränkung, dass man weiterhin die alttestamentlichen Strafandrohungen auf die Juden bezog. Damit hat die Kirche den Juden auch die Land- und Heimkehrverheißungen abgesprochen mit der Annahme, dass die Juden nun bis zum Ende der Zeit dazu verurteilt sind, zur Strafe als Heimatlose in der Welt umherzuirren, wie es die Sage vom ewig wandernden Juden Ahasver (ab 16. Jh.) beschreibt. Betreffs der Landverheißungen hat die Kirche diese durch Sublimierung ins Geistliche verflüchtigt und sie auf die himmlischen Güter bezogen. Wie im Kapitel 6 gesagt wurde, hat das letzte Vatikanische Konzil diese Irrlehre korrigiert, indem es mit Paulus betonte, dass die Berufung Israels und die ihm zugesprochenen Gnadengaben unwiderruflich sind.

Das Konzil hatte die unlösliche Verbindung der Juden zu ihrem Land säuberlich ausgeklammert, u.a. weil die Araber dies nicht ertragen hätten. 1973 holte dies das Hirtenschreiben der französischen Bischöfe über die „Haltung der Christen gegenüber dem Judentum" nach. Darin spricht es von der „Rückkehrbewegung des jüdischen Volkes in »sein« Land", um aus einer verständlichen Rücksicht die zionistische Bewegung und den Staat Israel nicht nennen zu müssen, und fährt weiter: „Angesichts dieses Ereignisses können wir als Christen in aller erster Linie nicht vergessen, dass Gott dem Volk Israel einst ein Land gegeben hat, in dem sich zu sammeln es berufen ist (vgl. Gen 12,7; 26,3f; 28,13; Jes 43,5-7; Jer 16,15; Zef 3,20)".[12]

Die Juden sind also nicht unrechtmäßige Eindringlinge in diesem Land, sondern sogar von Gott berufen, sich dort wieder zu sammeln! Dies musste jene zur Hochglut reizen, welche nicht gewohnt sind, ihre „menschenrechtlichen" oder (arabisch-) nationalistischen Maßstäbe am Wort Gottes zu messen. Tatsächlich erhob sich prompt der heftige Protest arabischer Theologen und Bischöfe. Vierzig Jesuiten aus dem Libanon nannten den Text „ein Manifest von politischem Zionismus", das auch vom religiösen Standpunkt aus „höchst anstößig" und schlichtweg „Irrlehre" sei. Und die katholischen Bischöfe Ägyptens widersprachen in einem Brief an ihre französischen Amtsbrüder scharf der These, dass dem heutigen jüdischen Volk ein Platz im Heilsplan Gottes zukäme.

Um für den Papstbesuch in Israel die Herzen zu öffnen, veröffentlichten israelische Tageszeitungen auf zwei Seiten 18 Aussagen des Papstes über Juden, Israel und Holocaust: „Die Juden sind die von Gott Geliebten, der sie mit einem Ruf erwählt hat, der nicht widerrufen werden kann" (April 1986). „Wir müssen verstehen, dass die Juden, die über 2000 Jahre in der Diaspora zerstreut lebten, nun beschlossen haben, in das Land ihrer Vorväter zurückzukehren. Das ist ihr Recht" (April 1994). - Am 11. September 1987 verteidigte Papst Johannes Paul II. vor 200 jüdischen Persönlichkeiten in Miami die biblischen Wurzeln des Staates Israel mit den Worten: „Die Katholiken anerkennen, als Element der jüdischen Erfahrung, die religiöse Verbundenheit der Juden mit ihrem Land, welche ihre Wurzeln in der biblischen Tradition hat. Das jüdische Volk hat nach der tragischen Ausrottung durch die Shoa eine neue Periode seiner Geschichte begonnen. Dieses Volk hat das Recht auf eine Heimat, gemäß dem internationalen Recht, wie jede andere souveräne Nation. Für das jüdische Volk, das im Staat Israel lebt... postulieren wir die erwünschte Sicherheit und die gerechte Ruhe, auf welche jede Nation ein Recht hat." Damit anerkennt der Papst, dass die Juden, obwohl z.T. noch im Exil lebend, ein Volk sind (nicht bloß eine Religionsgemeinschaft) und sie ein Recht auf ihr (nicht irgendein) Land haben.

Es ließen sich noch manche kirchenamtliche Verlautbarungen aus den verschiedenen Konfessionen anführen, welche sich zum Recht der Juden auf ihr Land bekennen und das Geschehen rund um die Staatswerdung im Licht der Bibel deuten.[13] Doch mit diesem grundsätzlichen Standortbezug sind die Probleme betreffs der praktischen Durchführung noch nicht gelöst. Wie kann Israel wieder Heimat finden in seinem Land, ohne die Rechte der nichtjüdischen Bevölkerung zu verletzen? Einige der oben erwähnten kirchenamtlichen Verlautbarungen führen auch dieses Problem an. So fährt der Papst in der vorausgehend zitierten Rede an führende Juden weiter: „Was über das Recht (der Juden) auf ein Heimatland gesagt wurde, gilt auch für das palästinensische Volk, aus dem viele Menschen heimatlos und Flüchtlinge sind. Während alle Betroffenen ehrlich über die Vergangenheit nachdenken müssen – Muslime nicht weniger als Juden und Christen – ist es an der Zeit, endlich jene Lösungen zu ersinnen, die zu einem gerechten, umfassenden und dauerhaften Frieden in diesem Gebiet führen. Dafür bete ich mit großem Ernst."

7.8. Dürfen die Juden die Palästinenser vertreiben?

Dass die Einwanderung so vieler Juden in ein wenn auch damals dünn bewohntes Land Konflikte auslösen würde, liegt auf der Hand. Wie hat sich Gott die Lösung dieses Problems gedacht? Einen verblüffenden Hinweis finden wir in der oben erwähnten Beschreibung der Landverteilung in der messianischen Zeit bei Ezechiel 47,21ff: „Dieses Land sollt ihr unter die Stämme Israels aufteilen. Ihr sollt es als Erbbesitz unter euch und unter die Fremden verlosen, die bei euch leben und die bei euch Söhne und Töchter gezeugt haben. Sie sollen für euch wie einheimische Israeliten sein und sollen sich mit euch zusammen ihren Erbbesitz mitten unter den Stämmen Israels erlosen. In dem Stamm, bei dem der Fremde lebt, sollt ihr ihm seinen Erbbesitz zuteilen" (vgl. Ex 12,48f; Sach 8,23).

Gott möchte also ein Modell schaffen für das friedliche Zusammenleben von Juden und Nichtjuden unter seiner Oberherrschaft. Schon Abraham, dessen

Nachkommen Gott das Land für immer zusprach, kam nicht als Eroberer, sondern bemühte sich um ein friedliches Zusammenleben mit den Einwohnern. Als Josua das Volk ins Gelobte Land führte, war dieses nicht unbewohnt. Die grausamen Berichte des Josuabuches (vgl. Jos 8,24; 10.28.39), Jahrhunderte später verfasst, wollen das Erwählungsbewusstsein stärken und bildhaft zeigen: Gott kämpft für sein Volk; wer sich ihm widersetzt, setzt sich selber dem Schwerte aus, wer sich aber friedlich unter Israels Oberherrschaft stellt, wird gesegnet. Das Großreich Davids und Salomos umfasste mehrere Völker, welche sich friedlich der „israelischen" Oberherrschaft unterordneten. Allerdings kämpft die Bibel gegen die Vermischung mit den fremden Götzenkulten. Israel soll ein Leuchtzeichen unter den Völkern sein für den lebendigen Gott.

Wegleitend sind die Bestimmungen der Tora über das Verhalten gegenüber den „Fremden" („Beisassen", „Schutzbürger"). Man solle sie achten, schützen, lieben; man dürfe sie nicht ausnützen (z.B. Dtn 24,14ff). Einst sollen die Fremden voll als Brüder in den Gottesbund aufgenommen werden (Jes 14,1; 56,3.ff). Gerne zitiert man die Vision Jes 19,23-25, gemäß der das feindliche Ägypten und Syrien (Assur) sich einst mit Israel versöhnen wird, „zum Segen für die ganze Erde". Auffallend stark ist bei den Propheten der Heilsuniversalismus: alle Völker sollen durch Israel gesegnet und in die endzeitliche Gottesherrschaft einbezogen werden.

Leidenschaftlich hat Martin Buber (1878-1965) mit seinem „Kulturzionismus" die biblische Vision des friedlichen Zusammenlebens mit den Völkern (konkret mit den Palästinensern) vertreten und vorgelebt. Dies zeigt, dass Zionismus kein monolithischer Begriff ist, sondern ein breites Spektrum umfasst vom engen Nationalismus bis hin zum völkerverbindenden Zionismus im Sinn der Bibel. Manche andere sind seither in die Fußstapfen Bubers getreten.

Gewiss haben die Palästinenser, zumal jene, deren Vorahnen seit Jahrhunderten, ja seit vorislamischer Zeit im Land wohnen, ein Recht, im Land zu wohnen, auch wenn ihr nationales Bewusstsein noch jung ist, provoziert als Reaktion gegen den Zionismus und im Zug der modernen Nationalismen. Viele Palästinenser sind sicher stärker mit ihrer Heimatscholle verbunden als z.B. jüdische Einwanderer aus dem fernen Jemen oder Äthiopien. Doch wenn man bedenkt, dass Christen und Juden in den meisten Islamstaaten nur als Bürger zweiter Klasse geduldet sind, dann ist es angemessen, dass jene Palästinenser, welche die jüdische Souveränität (welche ihnen Teilautonomie und Wohlstand ermöglicht) nicht anerkennen wollen, sich einem islamischen Bruderstaat anschließen. Völkerverschiebungen in viel größerem Ausmaß sind heute nicht ungewöhnlich. Die heutige große Zahl

7

der Palästinenser hat sich ohnehin erst entwickelt durch den Wohlstand, den die Zionisten gebracht haben.

Betreffs der „Siedler", welche als Störfaktor hochgespielt werden, ist nicht einzusehen, warum sie aus dem jüdischen Kernland (Judäa und Samaria), das sie z.T. erst wieder fruchtbar gemacht haben, ganz verschwinden müssen. In Hebron z.B., der Patriarchenstadt und ersten Residenz König Davids, lebte seit dem 13./14. Jh. eine blühende Judengemeinde, bis der von den Engländern eingesetzte moslemische Großmufti von Jerusalem, Amin el-Husseini, ein Freund Hitlers, sie 1929 in einer Pogromwelle massakrierte. Die vielen „Siedlungen" gehen zurück auf die Zeit, bevor die Jordanier das Land 1948-1967 besetzten.

Dass Angreifer–Völker Land verlieren (wie z.B. die Deutschen das Sudetenland), ist international anerkannt. So fiel den Juden Ostjerusalem, zu dem das historische „Judenviertel" gehörte, als Folge des arabischen Angriffs im Sechstagekrieg rechtmäßig zu. Mehrmals hatten die Jerusalemer Kirchenführer in Schreiben an die Regierung betont, dass Jerusalem als die heilige Stadt der Juden, Christen und Moslems nicht unter der exklusiven Herrschaft einer einzigen Nation sein dürfe und dass die Vertreter aller Religionen ungehindert Zugang zu ihren heiligen Stätten haben müssen. Auch der Vatikan hatte sich für die Internationalisierung Jerusalems eingesetzt. Doch der Vatikansprecher Tauran berichtigte dies im August 2000: wenn der Vatikan von internationalen Garantien spreche, meine das nicht die Internationalisierung der Stadt. Die Erfahrung hat gezeigt, dass die Christen mit ihren Heiligtümern und Werken unter jüdischer Souveränität besser geschützt sind als unter einer arabisch- muslimischen Herrschaft. Öfters riefen streitende christliche Gruppen israelische Ordnungshüter zum Schlichten ihres Konflikts herbei.

7.9. Ist der Sicherheitszaun die Lösung?

Dient es dem Frieden im Land, dieses zu teilen zwischen Israel und Palästinensergebiet? Wir können dieses komplexe Problem hier nicht nach allen Seiten diskutieren, doch etwas Licht von der Bibel darauf werfen. Historisches Modell der feindseligen Teilung des verheißenen Landes war die Reichsteilung unter den Nachfolgern von Salomo in ein Südreich, Juda, mit der Hauptstadt Jerusalem, und ein Nordreich (Samaria) mit den zehn übrigen Stämmen. Diese Trennung war Folge des Fehlverhaltens König Salomos und wurde von Gott selber verfügt als Strafe (1 Kön 11f). Die Bezeichnung „Israel" trägt in sich die Zweideutigkeit der Trennung: An manchen Stellen bezeichnet es das vom Zentralheiligtum und vom Davidnachfolger abgefallene Nordreich, an anderen Stellen das gesamte Zwölfstämmevolk, geeint um das Bundesheiligtum in Jerusalem. Diese Trennung wirkte sich noch zur

Zeit Jesu aus in der Feindseligkeit zwischen Juden und Samaritern. Jesus und seine Boten leiten die Heilung dieser Trennung ein (Joh 4; Apg 8,4-25). Gemäß den Propheten wird Gott in der messianischen Zeit diese Trennung heilen. Der neue David wird die versprengten Stämme Israels und Judas wieder sammeln, als Zeichen unter den Völkern (Jes 11,12f; vgl. 8,14).[14] In den Verheißungen der „Wiederherstellung der Stämme Jakobs" ist die Heilung dieser Spaltung eingeschlossen.

Es liegt auf der Hand, dieses Modell auf die heutige Trennung des Landes Israel, durch welche wichtige historische Kerngebiete des jüdischen Volkes (Samaria und Judäa) vom Stammland abgetrennt werden sollen, anzuwenden. Die Samariter hatten sich durch die Schuld der Zentralleitung von der Einheit des Gottesvolkes abgespalten, was an die Trennung der christlichen Kirchen erinnert. Heute spielt bei der Trennung des Heiligen Landes der Islam eine entscheidende Rolle, der durch das Versagen der Christen hochkommen konnte. Eine Heilung ist nur durch eine tiefgreifende Versöhnung, wie sie bei den Propheten hinsichtlich der Wiedervereinigung des Nord- und Südreiches vom Messias erwartet wurde, möglich.

Wenn sich auch die Teilung in zwei Staaten und die Errichtung eines Sicherheitszaunes als unumgänglich erweisen sollten: dies kann nicht die letzte Lösung sein. Darum haben wir weiter die von Realpolitikern beider Seiten vorgeschlagene binationale Einstaatenlösung im Auge zu behalten und das Schwergewicht nicht auf Mauern, sondern Brücken zu legen, gemäß dem Aufruf des Papstes und einer nach Jerusalem gepilgerten Delegation von 15 katholischen Bischöfen Europas und beider Amerika: „Baut Brücken, nicht Mauern!"

7.10. Die schlimme Wirkungsgeschichte biblischer Ideen

Der oben zitierte Kritiker, Walbert Bühlmann, erinnert im Zusammenhang mit dem Israelgeschehen an die „schlimme Wirkungsgeschichte biblischer Ideen". In einem Buch[15] berichtet er, dass praktisch alle Völker im Bewusstsein lebten, zu „ihrem" Gott eine Art Bundesverhältnis zu haben, aber auch welch schlimme Auswirkungen die biblische Überzeugung, „ein auserwähltes Volk" zu sein, durch verschiedene „christliche" Erobervölker ausübte. Die kalvinistischen Buren aus Holland hielten sich wie die Eroberer unter Josua als ein solches „auserwähltes Volk". Sie metzelten über 3000 Zulus mit ihren Schusswaffen nieder und feierten bis in unsere Zeit jährlich diesen „Sieg" am „Blutfluss" als „Grosstat Gottes in der Geschichte". Ähnlich trieben es die bibelgläubigen britischen Eroberer in Amerika mit den Indianern, ähnlich die katholischen Spanier und Portugiesen mit den Indios in Südamerika.

Solche himmelschreienden Entgleisungen jedoch auf dieselbe Ebene zu stellen wie die „Eroberung Palästinas durch die Zionisten" wäre verfehlt, obwohl diese Entgleisungen als Gewissensspiegel für alle Gruppen gültig bleiben. Denn in jedem Menschen und Volk steckt der Drang, sich als besonders auserwählt über andere zu stellen, sie zu beherrschen und die Macht zu missbrauchen (Mt 20,25).

Doch betrachten wir nüchtern die Unterschiede. Während sich die christlichen Kolonisatoren mit überlegener Waffengewalt die Einheimischen unterwarfen, ihnen ihr Land wegnahmen, ihre Kultur zerstörten, und dies im Namen ihres Christengottes, geschah die „Wiederbesiedlung des verheißenen Landes" bis 1948 in friedlichem Stil: Durch Ankauf von Boden von türkischen Großgrundbesitzern, um ihn mit Landwirtschaftssiedlungen fruchtbar zu machen. Erst durch den Widerstand und die Angriffe von außen wurde Israel ins Waffenhandwerk hineingezwungen, um nicht vernichtet zu werden. Dass dabei auch vonseiten des noch nicht „wiedergeborenen" Israel viel Unrechtes geschah, wird auch von vielen darunter leidenden Juden nicht bestritten.

Der Fehler vieler intellektueller Israelkritiker besteht darin, dass sie Ursache und Wirkung verwechseln und sich hüten, den Dingen auf den Grund zu gehen. Sie sehen viele Tatsachen, aber vermögen sie nicht richtig einzuordnen. Sie prangern die Symptome an und weigern sich, an die Wurzeln heranzugehen. Falscher „christlicher" Erwählungs- und Überlegenheitsdünkel war die Wurzel vieler Übel in der Welt- und Kirchengeschichte. Auch die Juden als Gottes Demonstrationsvolk im Guten wie im Bösen sind nicht ganz davon verschont. Doch den jüdischen Israeli als Motiv ihres Überlebenskampfes, an dem die „christlichen" Großmächte einen großen Schuldanteil haben, ein übersteigertes Auserwählungsbewusstsein und Machtmissbrauch vorzuwerfen, zeugt von mangelnder Selbstkritik. Damit schüren solche Intellektuelle indirekt den alten Antisemitismus. Im Gegenteil tun wir Christen für Frieden und Gerechtigkeit einen besseren Dienst, wenn wir die Juden im Blick auf ihre messianische Berufung, Licht zu sein unter den Völkern, in einem gesunden Erwählungs- und Sendungsbewusstsein stärken.

7.11 Zusammenfassung

- Die Heilige Schrift kann verhängnisvoll missbraucht werden. Deshalb ist es wichtig, sie von ihrer Mitte her, im Geist Jesu und der Weisen Israels, immer neu zu befragen.

- Gott will in „seinem" Land ein Modell schaffen des friedlichen Zusammenlebens der Völker, aber nicht kritiklos nach den Vorstellungen der UNO, der

Völker- und Menschenrechtler, sondern unter seiner Herrschaft nach Ordnungsprinzipien, die in seinem Offenbarungswort niedergelegt sind.

7

- Das friedliche Zusammenleben von Juden und Nichtjuden kann nur mit dem verheißenen „neuen Herzen“ und „neuen Geist“ gelingen. Darum hat die Friedensarbeit an diesem Punkt anzusetzen, in der Förderung von Bemühungen und Pionierprojekten, die sich vom „Geist aus der Höhe“ leiten lassen. Vorausgesetzt ist ein klares Leitbild des biblischen „Zionsprojektes“. Meine Überlegungen zeigen, dass ohne Klarheit im Grundsätzlichen (Berufung Israels, göttliche Zweckbestimmung des Landes usw.) die konkreten Bemühungen scheitern müssen, und dass umgekehrt das Hoffnungsziel einer versöhnten Modellgemeinschaft nur in kleinen Schritten, von Mensch zu Mensch, zu erreichen ist.

Die jüdischen Israelis und die vorwiegend muslimischen Palästinenser sind weltanschaulich so weit voneinander entfernt, dass ein Friede ohne fremde Vermittlung nicht möglich ist. Wichtiger jedoch als die oft ungeschickte und tendenziöse politische Vermittlung durch Großmächte (USA, EU, UNO), deren Notwendigkeit nicht geleugnet sei, ist die Vermittlung durch christliche Freundesgruppen, welche die Berufung des jüdischen Volkes anerkennen, sich im Geist Jesu mit beiden Völkern solidarisieren und den palästinensischen Christen helfen, ihre Brückenfunktion auszuüben.

[1] Siehe Michael Wolffsohn: „Wem gehört das heilige Land? Die Wurzeln des Streits zwischen Juden und Arabern“, München 1992. Der Verf. kommt zur Antwort: „Es (das Land) gehört niemandem, es gebührt allen. Allen, die überlebt haben. Allen, die dort leben wollen oder dort leben müssen. Wer sich allein auf sein Recht beruft, muss wissen, dass es auf sehr wackligen Fundamenten ruht. Das Heilige Land gehört den Überlebenden der verschiedenen Völker, auch Juden und Arabern natürlich“ (S. 277). So vernünftig und aufschlussreich die Überlegungen dieses säkular-jüdischen Geschichtsprofessors sind: Die Entwicklung zeigt, dass man mit vernünftigen Kompromissvorschlägen allein keinen Frieden erreicht. Es braucht von allen Seiten ein Umdenken im Blick auf den Herrn der Geschichte und seinen Sonderplan mit diesem Land.

[2] Ich stütze mich in diesem Kapitel vor allem auf die reichlich aus jüdischen Quellen belegte Darlegung von Rabbi Zvi Yehuda Hacohen Kook: (Sohn des ehemaligen angesehenen Jerusalemer Oberrabbiners Abraham Isaak Kook): „Zionism and biblical Prophecy.“ In „Religious Zionism. An Anthology“, Jerusalem (5735/ 1975), S. 167 – 179. Er schreibt, anspielend an Worte der Torah, dass am Ende der Tage Israel zum Herrn zurückkehren und auf seine Stimme hören wird; er wird die Gefangenschaft wenden und die Herzen der Väter und Kinder beschneiden, damit sie getreu seine „mitzwot“ (Gebote und Werke) erfüllen und „den Herrn, deinen Gott, mit ganzem Herzen und mit ganzer Seele lieben können, damit du das Leben hast“ (Dtn 4,30f; 30,6). Kook glaubt an eine wachsende Umkehrbewegung schon in unserer Zeit in der Hoffnung, dass das Volk dereinst unter der Herrschaft Gottes im Frieden in seinem Land leben kann.

[3] Der hebr. Ausdruck dafür heisst „Alija“, was wörtl. das „Hinaufsteigen“ nach Jerusalem als Pilger meint, Eine tiefsinnige Bezeichnung für die Einwanderung von Diasporajuden in Israel.

[4] Siehe W. Kickel: „Das Gelobte Land. Die religiöse Bedeutung des Staates Israel in jüdischer und christlicher Sicht“, München 1984.

[5] Allerdings mahnen Alttestamentler zurecht, das Alte Testament in seiner (relativen) Eigenständigkeit, mit den Augen der Juden, auf sich wirken zu lassen und es nicht kurzschlüssig christlich-neutestamentlich zu „vereinnahmen".

[6] So sieht es u.a. Heinrich Spaemann in „Die Christen und das Volk der Juden"

[7] Nebst vielen Evangelikalen deutet es auch der Katholik Raoul Auclair in seinem prophetischen Buch „Le Jour de Yahvé" (Paris/Téqui 1975) so. Er sieht im Ereignis von 1967 das Signalzeichen Gottes dafür, dass nun die „Zeit Israels" am Anbrechen ist.

[8] Allerdings haben frühere moslemische Herrscher dem unter den Byzantinern vernachlässigten Jerusalem durch die Erbauung des Felsendoms und der Aksa-Moschee, sowie der prächtigen Mauer Suleimans viel Aufmerksamkeit erwiesen.

[9] Aus dem „18-Bitten-Gebet", enthalten im Siddur, dem jüdischen Gebetbuch:: „Stosse in das grosse Schofar zu unserer Befreiung, erhebe das Panier, unsere Verbannten zu sammeln ... von den vier Enden der Erde" (Bitte 11). „Nach deiner Stadt Jeruschalajim kehre in Erbarmen zurück, wohne in ihr, wie du gesprochen ... und Davids Thron gründe schnell in ihr ..." (Bitte 15). „Den Sprössling deines Knechtes David lass rasch emporspriessen ..." (Bitte 16).

[10] Dazu Kook a.a.O. S. 167: „Die Erlösung besteht in der Beendigung der Zerstreuung des Volkes und der Wiederherstellung seines nationalen Lebens in seinem eigenen Land. So wie die erste Erlösung (aus der Gefangenschaft Ägyptens) mit der Ankunft in dem den Patriarchen verheißenen Land endete, verbunden mit der Gabe der Torah, so vollendet sich die letzte Erlösung in unserer Wiederherstellung in unserem eigenen Erbe..."

[11] Kook, a.a.O., S. 179.

[12] In: Die Kirchen und das Judentum. Dokumente von 1945-1985, Hrsg. Rendttorf/Henrix, Paderborn/Gütersloh 1987, S. 154.

[13] Siehe nebst dem in der vorausgehenden Anmerkung erwähnten Dokumentationsband dessen Folgeband 2, Dokumente von 1986-2000, Hrsg. Henrix/Kraus, ebd. 2001.

[14] Weitere Stellen über die Vereinigung beider Reiche in der messianischen Zeit: Jer 3,12f.18; 23,6; 31,6; 50,4; Ez 37,15-28; Hos 2,2; Sach 9,13; 10,6.

[15] „Wenn Gott zu allen Menschen geht. Für eine neue Erfahrung der Auserwählung" (Herder 1981). Zurecht schreibt Bühlmann, „dass die Erwählung Israels einzig und allein im Blick auf die Völker erfolgt ist. Im konkreten Fall des Einzelvolkes wurden alle Völker auserwählt. Wenn Jahwe sich ausgerechnet für das armseligste Volk entschieden hat, wollte er damit sagen, dass er alle, selbst und gerade die niedrigsten, mit seiner Liebe umfängt. Die Wahl Israels soll nicht exklusiv, sondern inklusiv verstanden werden: an diesem einen Sonderfall sollte die Wahl aller Völker sichtbar werden" (S.47). In diesem Sinn sollen wir unsere jüdischen Brüder bestärken, d.h. in ihrer Berufung, „Licht der Völker zu sein". - Bühlmann scheint jedoch zu übersehen, dass die Berufung Israels aufgrund des einzigartigen heilsgeschichtlichen Eingreifens Gottes einen deutlich anderen Charakter hat als das aus der Naturreligion gewachsene Erwählungsbewusstsein der Naturvölker.

8. Der Islamismus als Widersacher

8

Schon vor der Staatsgründung gab es Ansätze zu einem friedlichen Zusammenleben von Juden und Palästinensern. 1919 unterzeichneten Chaim Weizmann, der nachmalige erste Staatspräsident Israels, und Emir Feisal, der einflussreichste Führer des arabischen Nationalismus einen freundschaftlichen Vertrag über die Zusammenarbeit der Juden und Araber in Palästina. Wieso musste es ganz anders kommen? Zum vornherein musste man annehmen, dass die Einwanderung so vieler Juden einen Kulturschock hervorrufen musste. Die Engländer versuchten, sie nach Kräften zu stoppen und „ins Meer zu werfen", wie das Schicksal der von ihnen am Landen gehinderten Flüchtlingsschiffe zeigte. Auch die andern westlichen Länder hatten den von den Nazis verfolgten Juden die Grenzen gesperrt.

Christliche Zionisten wie Henry Dunant und Lord Balfour und vor ihnen schon die englischen und amerikanischen Puritaner seit dem 17. Jahrhundert hatten unter Einflussreichen für die Heimkehr der Juden in ihr Land geworben, ohne das der jüdische Staat nicht möglich geworden wäre[1]. Doch in der Folge fehlten weitblickende Politiker, die die Weichen gemäß dem Friedensplan Gottes hätten stellen können. Der Virus des Antisemitismus nahm aus machtpolitischen Motiven überhand.

Der schärfste, von „Aufgeklärten" heruntergespielte Gegner ist der islamische Fundamentalismus, auch Islamismus genannt. Der ganze Nahe Osten, der seit dem 7. Jahrhundert bis 1917, mit dem kurzen Unterbruch der Kreuzfahrerzeit, vom Islam beherrscht war, gilt gläubigen Moslems als Islamland. Sie können darin keine fremde Souveränität dulden und haben die Pflicht, das Land durch den „Dschihad" (Heiliger Krieg) wieder für den Islam zurückzuerobern. Juden und Christen haben als „Leute des Buches" in diesem Land als „Dhimmi" (Bürger zweiter Klasse) ein Existenzrecht. Deshalb war es möglich, dass Moslems, Juden und Christen Jahrhunderte lang friedlich unter islamischer Herrschaft miteinander leben konnten. Wahre Freundschaft zwischen Moslems und „Ungläubigen" ist nach dem Koran ausgeschlossen. Wenn der nicht-moslemische Feind nicht überwunden werden kann, ist ein Waffenstillstand möglich. Doch nach einem Präzedenzfall im Leben Mohammeds können Moslems diesen Scheinfrieden brechen, sobald sie sich zum Angriff stark genug wissen. Mehrmals hat sich Arafat vor seinen Freunden darauf berufen. Letztlich ist dieser Konflikt in den Augen gläubiger Moslems ein Krieg Allahs mit seinen Feinden. Es geht bei der Existenz eines jüdischen Staates auf moslemischem Territorium um die Frage: Wer ist der wahre Gott? Ist es der „Gott Abrahams, Isaaks und Jakobs" oder ist es der „Gott Abrahams, Ismaels und Esaus"? Solange auch nur das kleinste Fleckchen Erde im „Haus des Islam" von einem jüdischen Staat besetzt wird, ist seine bloße Existenz streng genommen eine Bankrotterklärung Allahs. Gewiss sieht es nur ein kleinerer Teil der Moslems in dieser Schärfe. Doch diese verstehen es, in den Moscheen, im Radio usw. die friedliebende Basis, unterstützt durch die Notlage, zu fanatisieren. Typisch ist die Intifada-Inschrift: „Am Sabbat töten wir die Juden, am Sonntag die Christen." Selbstmordattentate werden als Sieg für Allah gefeiert. Wir Christen kennen ähnliche Entgleisungen aus der Zeit der Kreuzfahrer und Hexenprozesse.

Die Nahostkrise stößt uns auf das Thema des islamischen Fundamentalismus („Islamismus"). Damit versteht man die politisch-kämpferische Version des Islam, die heute immer mehr überhand nimmt und sich in Juden- und Christenfeindlichkeit und im weltweiten Terrorismus auswirkt. Öfters hört man die Auffassung, dass man wegen der Minderheit von fanatischen Moslems (Islamisten) nicht den Islam als solchen, der an sich gut sei, verurteilen dürfe. Auch unter den Christen gäbe es Fanatiker („Fundamentalisten"), wegen denen man nicht das ganze Christentum verurteilen dürfe. In der Tat ist es falsch, zum vornherein einen Moslem in die Kategorie der Fanatiker einzureihen und damit die friedliebende, gemäßigte Mehrheit zu diskreditieren. Viele Moslems können Christen mit ihrer treuen Gottesverehrung beschämen. Dennoch gilt es klar zu unterscheiden: Wenn Christen fanatisch werden und andere verurteilen und bekämpfen, dann widerspricht dies klar dem Geist des Evangeliums und dem Beispiel Jesu. Doch wenn Moslems Juden und Christen bekämpfen, dann entspricht das unzähligen Koranstellen[2] und dem Beispiel Mohammeds, der von unheimlichen Triebkräften geleitet war[3]. Als die Juden seiner Lehre nicht folgen wollten, ließ er sie kurzerhand umbringen.

Im Zug der Ökumene und des interreligiösen Dialogs ist man geneigt, die Unterschiede zu verwischen mit der Aussage: „Wir haben ja alle den gleichen Gott!" Gewiss hat der eine, lebendige Gott alle Menschen erschaffen und ihres Herzens Streben auf sich hin ausgerichtet. Wer ehrlich dem einen, wahren Gott dienen will, wie es ihm sein Gewissen zeigt, der erreicht diesen einen Gott trotz irriger Vorstellungen. Doch darf dies nicht darüber hinwegtäuschen, dass der gläubige Moslem sich entschieden gegen die Unterschiebung wehrt, sein Allah sei identisch mit unserem christlichen Gott. Ausdrücklich leugnet der Koran den christlichen Vater-Gott, der seinen einzigen, geliebten Sohn hingab, um uns zu erlösen. Während die ganze jüdische Bibel offen ist für diese höchste Offenbarung, dass Gott seinem innersten Wesen nach Liebe und Selbstmitteilung ist und zu dieser Offenbarung hinführt, stellt sich der Koran kämpferisch gegen dieses, unsere Vorstellungen umwerfende Gottesbild, worin wir den „Geist des Antichrist" erkennen (1 Joh 2,22f; 4,3; 5,10). Dies sind keine bloßen theologischen Spitzfindigkeiten, sondern Weichenstellungen für das Verhalten im Leben. Der biblisch-christliche Gott ist ein Gott der

Begegnung, der väterlich-mütterlich die Nähe des Menschen sucht und ihn erbarmend an sein Herz zieht. Der Allah wird im Koran zwar oft als „barmherzig" bezeichnet, doch ist er letztlich ein ferner Gott, dessen Barmherzigkeit man mit guten Werken verdienen muss. Der Mensch wird im Islam nicht „aus Gnade" erlöst, „unabhängig von Werken des Gesetzes", sondern muss sich mit „Dschihad" (wörtl. Anstrengung) die Gunst Gottes erkaufen, weshalb der Islam in die von Paulus missbilligte Kategorie der „Gesetzesgerechtigkeit" gehört. Nicht die Herzensbeziehung zum Vater-Gott ist die Motivation zur guten Tat, sondern die Belohnung im Himmel (mit schönen Frauen und sonstigen sinnlichen Verlockungen). Das macht den Islam hart und zur Intoleranz geneigt[4]. Eine letzte Konsequenz sind die Selbstmordattentäter, welche Unschuldige in den Tod reißen, um sich dadurch hohe Belohnungen im Himmel zu erwerben. Dies sei aber nicht zur Abwertung des Islam gesagt, sondern als Ansporn, unser christliches Zeugnis von der Liebe Gottes umso mehr leuchten zu lassen und uns vor integralistischen Tendenzen im eigenen Herzen zu hüten.

Von seinem Ursprung her ist der Islam politisch ausgerichtet. Er ist keine private Herzensreligion, sondern zielt darauf hin, mit seinem Religionsgesetz ganze Völker Allah zu unterwerfen, was in der Bezeichnung „Islam" (= Unterwerfung) mitschwingt. Der Islam kennt keine „Trennung von Kirche und Staat", sondern will alle Bereiche des öffentlichen Lebens mit der Schari`a (islamisches Gottesgesetz) durchdringen, was sich auch in westlichen Ländern mit wachsenden muslimischen Minderheiten besorgniserregend bemerkbar macht. Freilich gab es seit Kaiser Konstantin bis zur Säkularisierung in der Neuzeit ähnliche Herrschaftsbestrebungen auch in der christlichen Kirche. Doch erkennt man nun, dass dies nicht dem Geist des Evangeliums entspricht.

Der heutige politisch-aggressive Islamismus findet also im Koran und der daraus gewachsenen Tradition einen idealen Nährboden. Doch stark geworden ist der heutige islamische Fundamentalismus erst als Reaktion gegen die kulturelle, wirtschaftliche, militärische und politische Dominanz des Westens, wodurch die Moslems zutiefst gedemütigt wurden und es als Niederlage ihrer Religion empfinden mussten. Der Wendepunkt für das Aufleben des Islamismus war die vernichtende Niederlage der Araber im Sechstagekrieg 1967.[5] Die fundamentalistische Revolution des Ayatollah Khomeini 1979 gegen das Schah-Regime im Iran hatte nicht dieselbe weltweite Auswirkung und ist zu verstehen als begreifliche Reaktion gegen die dekadente Verwestlichung. Wir können nicht genug den Zusammenhang des islamisch-politischen Fundamentalismus mit unserem westlichen dekadenten und imperialistischen Verhalten beherzigen. Er ist mit allen Terroranschlägen bis zum Globalschlag auf die Türme des World-Trade-Centers in New York ein Gegenschlag gegen den faul gewordenen „christlichen"

Westen. Diese „Geißel Gottes“ soll uns daher nicht zur Verurteilung des Islam, sondern zum reuevollen Mea Culpa führen.

Schon Mohammed konnte seine Religion nur gründen, weil die Christen seiner Zeit versagten. Statt dass sie den Arabern die Frohe Botschaft brachten, waren sie untereinander zerstritten. Von christlichen Häretikern hatte Mohammed seine entstellte Auffassung über Jesus und den dreieinen Gott mitbekommen, was zur Ablehnung der christlichen Grundbotschaft im Koran führte. Hätte Mohammed erleuchtete Christen gefunden, die ihn in seinem edlen Suchen und seinen inneren Kämpfen begleitet hätten, wäre die Entwicklung ganz anders verlaufen. Nur durch das Versagen der Christen konnte der Islam in ehemals christlichen Ländern (Nordafrika, Kleinasien, Syrien usw.) eindringen. Bei der Ausbreitung des Islam spielte zwar die Waffengewalt eine große Rolle[6], doch die meisten Christen wurden Moslems nicht durch den Zwang der Eroberer, sondern um materieller Vorteile willen und weil sie zuwenig tief im Glauben verwurzelt waren.

Einen Einblick in den heutigen kämpferischen Vorstoss des Islam heute bringen die Mitteilungen von CSI (Christian Solidarity International). Dieses Werk versteht sich als „christliche Menschenrechtsorganisation für Religionsfreiheit und hilft Glaubensverfolgten, notleidenden Kindern und Katastrophenopfern“. Eindrückliche Berichte zeigen, wie Christen und andere Minderheiten in vielen (nicht allen) Islamländern blutig verfolgt werden und führt Solidaritätsaktionen zugunsten der Verfolgten durch.[7] Auch in den palästinensischen Autonomiegebieten werden gelegentlich Christen massiv bedrängt. Mit Erfolg verdrängen die Moslems in ehemals mehrheitlich christlichen Städten wie Bethlehem und Nazaret die Christen, die in grosser Zahl auswandern.

So ruft uns der Islam zu einer christlichen Neuorientierung auf. Diesem Anliegen dient das sehr zu empfehlende informationsreiche Büchlein von Andreas Baumann: „Der Islam – Gottes Ruf zur Umkehr? Eine vernachlässigte Deutung aus christlicher Sicht“ (Brunnen-Verlag Basel/Gießen 2003). Weil den Bewohnern Arabiens die Botschaft Jesu nicht in ihrer Sprache verkündet wurde, nahmen sie mit Begier die Botschaft Mohammeds auf. Auch heute sind die „christlichen“ Nationen keine gute Propaganda für die christliche Botschaft. Christentum ist für die Moslems zu sehr assoziiert mit Imperialismus, Kapitalismus, Materialismus und moralischer Dekadenz. Was mich als Franziskussohn an diesem Taschenbuch besonders freut: Der evangelische Autor präsentiert als „inspirierendes Beispiel“ für evangeliumsgemäßen Umgang mit Moslems ausführlich Franz von Assisi.

Über die Rolle des Islam im Nahostkonflikt informiert das gut dokumentierte Buch des bereits genannten Israeli Victor Mordecai „Der Islam. Eine globale Bedrohung?"[8]. Der Autor ist überzeugt, dass der Nahostkonflikt nur zu einem guten Ende kommt, wenn Juden und Christen auf der Basis des biblischen Heilsplanes enger zusammenarbeiten. Mordecai (Pseudonym) ist ein in israelischen Regierungskreisen versierter Pressemann, als nichtreligiöser Jude aufgewachsen, mit einer ägyptischen Jüdin verheiratet. Durch die Begegnung mit judenfreundlichen Christen, die ihn zu Vorträgen einluden, erkannte er, dass nicht alle Christen Antisemiten sind. Es ging ihm auf, wie wichtig das Studium der Bibel und des Islam ist, um die heutige Entwicklung zu verstehen. Er erkannte, dass auch das Neue Testament zum Verständnis des Judentums wichtig ist, und dass Juden und Christen aufgrund derselben messianischen Berufung zusammenarbeiten müssen, um den Heilsplan Gottes mit der Menschheit zum Ziel zu führen.

Wieder zurück zur Nahostkrise. Es leuchtet ein, dass der hintergründige Widersacher, „die alte Schlange" (Offb 12,9), den Plan Gottes mit Israel mit allen Mitteln zu verhindern sucht. Es geht um die Verwirklichung der biblischen Vision des „neuen Jerusalem", in dem sich alle Völker versöhnt unter dem einen Gott Jakobs und seines Messias zusammenfinden (Jes 2). Um dies zu verhindern, wiegelt der Widersacher, nach der Prophetie von Sach 12, die „vereinten Nationen" zum Ansturm gegen Jerusalem auf (man denke an die Drohungen der UNO). Es ist nahe liegend, dass dabei die Islamländer als angestammte Widersacher die vordere Front bilden. Christlich gewordene Moslems bezeugen, dass ihnen von Kind an die antijüdische und antichristliche Haltung eingeträufelt wurde.

Wie kann sich Israel gegen diesen Ansturm wehren? Manche Juden (orthodoxe und jesusgläubige) und christliche Israelfreunde glauben, dass Israel in der größten Not lernt, zu seinem Gott zu schreien, bis „der Retter aus Zion" kommt (Jes 59,20; Röm 11,26). Sie sehen die heutige Bedrängnis als „messianische Wehen", wodurch Gott Israel für seinen Retter zubereitet und die Völkerwelt zur Mitarbeit aufrüttelt.

[1] Michael J. Pragai: „Sie sollen wieder wohnen in ihrem Land. Die Rolle von Christen bei der Heimkehr der Juden ins Land Israel", Gerlingen (Bleicher Verlag) 1990.

[2] Die Dokumentation „Muslime erobern Deutschland" (Verlag CM, D-59531 Lippstadt) zitiert 204 gegen Christen und Juden („Ungläubige") gerichtete Koran-Verse. In den meisten wird ihnen die Hölle angedroht. Die Christen sind „von Gott verfluchte Leute". Ferner heisst es: „Ihr sollt das Volk bekämpfen, oder es bekenne sich zum Islam." „Wenn ihr im Kriege mit den Ungläubigen zusammentrefft, dann schlagt ihnen die Köpfe ab... Seid nicht mild gegen eure Feinde und ladet sie nicht zum Frieden ein..." „In die Herzen der Ungläubigen will ich die Furcht bringen; darum haut ihnen die Köpfe ab und haut ihnen alle Enden der Finger ab. Bekämpft sie, bis alle Versuchung aufhört und die Religion Allahs allgemein verbreitet ist."

[3] A. Mertensacker: Geführt von Dämonen. Mohammed im Urteil seiner Zeitgenossen. (Verlag CM, D-59531 Lippstadt)

8

[4] Freilich gibt es auch mystische Strömungen im Islam, die aber vom Hauptstrom nicht als echter Islam anerkannt werden.

[5] So Bassam Tibi in seinem Standardwerk: „Fundamentalismus im Islam. Eine Gefahr für den Weltfrieden", Wissenschaftliche Buchgesellschaft Darmstadt 2000. Dieser liberal-muslimische, mit dem deutschen Bundesverdienstkreuz ausgezeichnete Professor sieht die Bedrohung der Zivilisationen durch den Fundamentalismus im Islam und anderswo und stellt ihm (etwa im Sinn von Küngs Weltethos) eine „von der menschlichen Vernunft geleitete internationale kulturübergreifende Moralität" entgegen. Er folgert: „Religiöser Fundamentalismus ist ein Kennzeichen für ein Zeitalter des globalen Konfliktes, während Säkularität und Rationalität Bindeglieder zwischen den Zivilisationen sein können." - Uns Christen ist klar, dass mit Moralität, Säkularität und Rationalität allein die globalen Konflikte nicht gelöst werden können.

[6] Siehe die wissenschaftliche Arbeit von Bat Ye'or: „Der Niedergang des orientalischen Christentums unter dem Islam vom 7.-20. Jahrundert" (Resch-Verlag 2002). Eindrücklich ist auch die Doktorarbeit von Omar Abdel Raman an der islamischen Al Ashar Universität, in der er darlegt, dass Mohammed seine Erfolge stets durch Waffengewalt errang. Die Ausbreitung des Islam geschehe folglich nicht durch Überzeugung oder Missionierung, sondern durch Niederwerfung von Andersgläubigen („Wort aus Jerusalem", Sept./Okt. 2003).

[7] Internationales Sekretariat: Postf. 70, CH-8122 Binz. - CSI-Deutschland : Postf. 21 03 39, DE-80673 München. www.csi-int.org. - Siehe auch A. Morigi, V.E. Vernole, P. di Thiene: „Die Religionsfreiheit in den Ländern mit überwiegend islamischer Bevölkerung" (Hilfswerk Kirche in Not 1999, Albert-Rosshaupter-Str. 16, D-81369 München).

[8] Hänssler-Verlag 1999. Der englische Originaltitel präzisiert, dass es sich nicht um den Islam schlechthin handelt, sondern nur um den „Fanatic Islam".

9. Jeschua als Retter und Versöhner

9

Vom Vater Abraham, auf den sich alle drei monotheistischen Religionen, Juden, Christen und Moslems, berufen, haben wir bereits gesprochen. Durch ihn (bzw. seinen „Samen") „sollen alle Geschlechter der Erde Segen erlangen" (Gen 12,3.7; 13,15;17,7). Die Christen sehen im Davidssohn Jeschua (Jesus) den Nachkommen („Samen") Abrahams, durch den der Segen Abrahams bzw. Israels zu allen Völkern fließen will. Durch die schmerzvolle Trennungsgeschichte zwischen Juden und nichtjüdischen Jesusgläubigen wurde der Jude Jesus seinem Volk entfremdet. Er wurde den Juden gar zum Schreckbild der Judenverfolgung und wurde von ihnen vielfach totgeschwiegen. Es erging ihm wie dem „ägyptischen" Josef (Gen 37ff): Dieser wurde von seinen Brüdern an die Heiden verkauft, denen er sich im Aussehen so anpasste, dass seine Brüder ihn nicht mehr als ihren Bruder erkennen konnten.

9.1. Juden erkennen Jesus als ihren Bruder

Seit der Heimkehr der Juden in ihr Land ist Jesus dran, sich seinen jüdischen Brüdern wieder als ihren Bruder und Retter zu erkennen zu geben, was die zahlreiche israelische Jesusliteratur zeigt. Die größte Offenheit findet sich bei den „Nichtreligiösen", die meisten Widerstände bei den „eingefleischt Orthodoxen". Ein israelischer Soziologe, Professor Ferdynand Zweig, untersucht in einem Buch die Beziehung der Israeli zu Jesus.[1] Er schreibt: „In der Diaspora erschien Jesus den Juden als Fremder, als Außenseiter und Eindringling. Doch in Israel erscheint er ihnen als der Jude von Nazaret, als Eingeborener, als Sabra (im Land geborener Israeli), der mit dem Land fest verwachsen ist... Das Geheimnis dieses einfachen Juden aus Nazaret, der es verstand, fast die ganze Welt zu erobern und dessen geistige Macht stärker war als jene des gesamten Judentums, stellt die israelischen Juden vor ein Rätsel. Wer war er? Wo liegt das Geheimnis seiner Macht?..." Besonders angetan ist Zweig von der Friedensmystik Jesu als scharfem Gegensatz zur heutigen Gewaltverherrlichung.

Schalom ben-Chorin schreibt in seinem berühmten Jesusbuch: „Jesus ist für mich der ewige Bruder, nicht nur der Menschenbruder, sondern mein jüdischer Bruder. Ich spüre seine brüderliche Hand, die mich fasst, damit ich ihm nachfolge... Sein Glaube, sein bedingungsloser Glaube, das grenzenlose Vertrauen auf Gott, den Vater, die Bereitschaft, sich ganz unter den Willen Gottes zu demütigen, das ist die Haltung, die uns in Jesus vorgelebt wird und die uns – Juden und Christen – verbinden kann".[2] Vielbeachtet ist sein Ausspruch: „Der Glaube Jesu verbindet uns; der Glaube an Jesus trennt uns."

Juden wie Schalom ben-Chorin und der oben genannte Victor Mordecai plädieren dafür, dass das Neue Testament und die Beschäftigung mit „Rabbi Jeschua“ für ein volleres jüdisches Selbstverständnis unabdingbar ist, auch wenn man nicht den neutestamentlichen Glauben teilt. Wenn das Judentum nicht im Säkularismus verfallen oder sich ins orthodoxe Getto einschließen will, braucht es eine Gestalt wie Jeschua, welche im Geist der Propheten Israels die Tore zu den Heidenvölkern öffnet. In der Tat hat sich die den Juden aufgetragene Rolle, den Völkern das Licht der Heilsbotschaft zu bringen, durch Jesus und seine Jünger verwirklicht, und zwar vermittels der jüdischen Bibel, welche durch die Christen in aller Welt verbreitet wurde. Jesus ist „das Licht zur Erleuchtung der Völker“, aber auch „die Herrlichkeit (der Ruhm) seines Volkes Israel“ (Lk 2,31f; Jes 40,5; 42,6; 49,6; 52,10). Juden wie Christen erwarten gemeinsam gemäß ihrer Bibel den Retter, „der aus Zion kommen wird; er wird alle Gottlosigkeit von Jakob (und den Heidenvölkern) entfernen“ (Röm 11,26; Jes 59,20f; 27,9; Jer 31,33f). Schalom ben-Chorin soll gesagt haben: „Wir können nicht glauben, dass Jesus der Messias ist. Aber wenn der Messias kommt, den ihr Christen und wir Juden erwarten, und es stellt sich heraus, dass er Jesus von Nazaret heisst, dann werden wir Juden ihn mit Freuden empfangen.“ Ähnlich Pinchas Lapide: „Wir warten ja beide – Juden wie Christen – auf das Kommen des von Gott gesandten Erlösers. Bei euch ist es eine Wiederkehr, bei uns ist es eine Ankunft... Wir pilgern also, ob wir's wissen oder nicht, ein und demselben messianischen Endziel entgegen... Wir vertrauen auf Gottes Heilshandeln blindlings und fraglos. Wen immer er uns senden mag, wird uns als Erlöser willkommen sein“.[3]

9.2. Eins in der Messiaserwartung

Im heute noch gebräuchlichen Glaubensbekenntnis des Moses Maimonides (+1204) heisst es markant: „Ich glaube mit voller Überzeugung an das Erscheinen des Messias, und wenn er auch noch säumt, so harre ich trotzdem täglich seiner Ankunft“.

Dieses Harren auf die Erfüllung der „Hoffnung Israels“, für die Paulus Fesseln auf sich nahm (Apg 28,20), hielt die frühe Christenheit lebendig. Sie lebte in der Naherwartung des wiederkommenden Christus (Mt 24,42.44; 25,13; 1. Thess 1,10; 4,17; 2. Thess 1,7; Phil 3,20; 1. Kor 16,20; Offb 22,20). Die jüdische Messiaserwartung könnte ein heilsamer Stachel sein, um dieses bei den meisten Christen auf Sparflamme reduziertes Hoffnungsfeuer wieder auf helle Glut zu entfachen. Der Glaube, dass Gottes Sohn als Mensch gekommen ist, um uns zu erlösen, wird kraftlos, wenn er sich nicht verbindet mit der vitalen Hoffnung, „dass er kommt in Herrlichkeit“, um die Verheißungen der Propheten vollends zu erfüllen (Apg 3,20f; Mt 5,18; 24,35). Diese Hoffnung auf das Kommen der vollendeten Gottesherrschaft durch den Messias ist das stärkste Band, das biblisch motivierte Christen und Juden miteinander verbindet. Bereits lassen sich Juden und Christen durch den Heiligen Geist, der Umkehr und Versöhnung schenkt und „Neues schafft", erfassen (Offb 21,5; Jes 43,19; Ez 11,19; 36,26). Statt sich gegenseitig zu beargwöhnen, haben sie zu lernen, sich gegenseitig das Wirken Gottes zu bezeugen.[4]

9

9.3. Jesus als Messias und König Israels

„Messias" (hebr. Maschiach) entspricht dem griechischen „Christos" und bedeutet „der Gesalbte". Könige, Propheten und Priester wurden mit Öl gesalbt. Gemeint ist der als endzeitlicher Retter verheißene Davidssohn. Seit der an David ergangenen Verheissung (2. Sam 7,12ff) hat die Erwartung des königlichen Retters verschiedenste Formen angenommen. Jesus bekennt sich als der verheißene „Sohn Davids", aber grenzt sich ab gegen eine zu irdische Messiaserwartung.

Auf den Einwand, Jesus könne nicht der Messias sein, weil er nicht dem biblischen Bild des Messias als glorreichem, endzeitlichem Heilbringer entspreche, gibt der Talmud selber eine Antwort mit der Lehre von den zwei Messiassen. Zuerst kommt der „Messias, Josefs Sohn" als Retter der Heiden (wie Josef Retter der Ägypter wurde). Am Ende der Tage kommt der „Messias, Davids Sohn" als Retter der Juden, um das Reich Israel wieder aufzurichten. Der „Messias, Josefs Sohn" kommt in den Bedrängnissen der messianischen Zeit um, der „Messias, Davids Sohn" ist der siegreiche Triumphator. Jesus verbindet in seiner Person beide Rollen: zuerst kam er in Niedrigkeit als der leidende Gottesknecht von Jes 53, der als Sühnopfer für sein Volk und alle Menschen stirbt. Einst wird er wiederkommen in Herrlichkeit, um das glorreiche Finale der Heilsgeschichte und seines Volkes Israel herbeizuführen. Das bewegende Kapitel Jes 53 über den leidenden Gottesknecht bezogen ursprünglich die Rabbiner auf den Messias. Erst später wurde dieses Kapitel in der Leseordnung der Synagoge ausgeklammert, weil es offenbar zu sehr an Jesus erinnert.[5]

Obwohl die Kreuzesinschrift Jesu („Jesus, der König der Juden", Mt 27,37) von Pilatus als Verspottung der Juden gedacht war, hat Gott sie selber durch die Auferweckung seines Sohnes bekräftigt als hoffnungsvolle Verheißung an uns und das jüdische Volk. Voll heiligem Zorn proklamiert Gott vor den rebellierenden „Königen der Erde": „Ich selber habe meinen König eingesetzt auf Zion, meinem heiligen Berg" (Ps 2,6). Von Zion aus wird der erhöhte Christus seine Friedensherrschaft über die Erde ausbreiten (Röm 11,26; Hebr 12,22-24; 1. Petr 2,6; Offb 14,1).

Das Kreuz Jesu wurde lange Zeit verstanden als Zeichen des Fluches über die Juden und als Trennmauer zwischen Juden und Christen. Mit dem Kreuz haben wir Christen die Juden geschlagen. Heute schenkt uns Jesus vom Kreuz herab ein reuevolles Umdenken und lässt das Kreuz als Zeichen der Versöhnung aufstrahlen: „Er (Christus) stiftete Frieden und versöhnte die beiden (Juden und Nichtjuden) durch das Kreuz mit Gott in einem einzigen Leib... Durch ihn haben wir beide in dem einen Geist Zugang zum Vater" (Eph 2,15ff).

Von Kind auf war das Leben Jesu auf diese paradoxe Erfüllung am Kreuz ausgerichtet, wie die Prophetie Simeons zeigt: „Dieser ist dazu bestimmt, dass in Israel viele durch ihn zu Fall kommen und viele aufgerichtet werden, und er wird ein Zeichen sein, dem widersprochen wird" (Lk 2,34; Jes 8,14). Dass viele in Israel durch Jesus zu Fall kamen, zeigt die jüdische Geschichte bis zum Holocaust. Doch das Ziel ist nicht der Fall, sondern „dass viele durch ihn aufgerichtet werden", wozu wir Christen durch unsere Ermutigung beitragen möchten. Jesus ist ja bestimmt „zum Licht, das die Heiden erleuchtet, und zur Verherrlichung deines Volkes Israel".

9.4. Messianische Juden

Nebst dem dargestellten wachsenden Interesse von Juden an ihrem „Bruder Jesus", besonders in Israel, verdient die seit dem Sechstagekrieg stark anwachsende Bewegung der „messianischen Juden"[6] unsere Aufmerksamkeit. Damit sind nicht die Jesusfreunde wie die oben genannten gemeint, sondern Juden, die Jesus voll auf der Basis des Neuen Testamentes und der alttestamentlichen Verheißungen als Messias Israels und Heiland der Welt angenommen haben. Sie schließen sich nicht einer „heidenchristlichen" Denomination an, um ihre jüdische Identität und ihre besondere Zeichenfunktion nicht zu verwischen, wissen sich aber voll durch die Taufe und den Glauben an Jesus mit uns Gläubigen aus den Völkern „im einen Leib Christi" verbunden. Sie verstehen sich als Wiederaufleben der neutestamentlichen jüdischen Mutterkirche. In Amerika gibt es etwa 200 000 solcher „Jews for Christ", in Israel schätzt man sie auf ca. 5000.[7] Sie haben einen schweren Stand zwischen ihren jüdischen Brüdern und den alten christlichen Kirchen. Von ihren jüdischen Brüdern werden sie manchmal als Abtrünnige betrachtet, von den meisten Christen werden sie einfach ignoriert aus Mangel an Verständnis für ihre Botschaft. Diesem Mangel möchte die Bewegung „Auf dem Weg zum Zweiten Jerusalemkonzil" abhelfen.[8] Diese Bewegung von jüdisch-messianischen Gläubigen und Vertretern alter Kirchen möchte unter den Christen den Sinn für die neu auflebende „Kirche aus der Beschneidung" wecken.

Mit den messianischen Juden dürfen wir die Hoffnung pflegen, dass letztlich nur der „Sar Schalom“, der „Friedensfürst“ von Jes 9,5, die Konfliktknoten lösen und Frieden ins „Heilige Land“ bringen kann. Mit ihm unlöslich verbunden ist die Messiasmutter und Jungfrau von Jes 7,14 und Mich 5,1-4, deren friedensvermittelnde Rolle noch zuwenig erkannt wird.[9]

9

[1] „Israel, the Sword and the Harp: The Mystique of Violence and the Mystique of Redemption“, Heinemann, London 1969.

[2] „Bruder Jesus. Der Nazarener in jüdischer Sicht“, München 1967, S. 12.

[3] Zitate bei Fritz May, Christen für Israel, Wetzlar Nr. 93/Dez. 94-Jan. 95.

4 Siehe meine Abhandlung: „Judenmission oder gegenseitiges Zeugnis?“, abgedruckt in „Israel Heute“, 2/1998 und 3/1999 (D-34289 Zierenberg). Weiterer Abdruck in der Zeitschrift „Come“ vorgesehen.

[5] Über Jesus als Messias aus jüdischer Sicht siehe Arnold G. Fruchtenbaum: „Jesus war ein Jude“, Haus der Bibel, Zürich 1996.

[6] „Messianisch“ entspricht wörtlich unserem „christlich“: Zum Messias/Christus gehörend.

[7] Siehe die Auflistung in: „Facts & Myths About Messianic Congregations in Israel. Survey conducted by Kai Kjaer-Hansen“, Caspari Center Jerusalem 1999.

[8] Auskunft bei Bruder Tilbert Moser

[9] Dazu mein Artikel: «Mirjam, die jüdische Mutter, reicht ihrem Volk den Erlöser».

10 10. Leiden, Auftrag und Grenzen der palästinensischen Christen

Sie haben einen schweren Stand zwischen Juden und Moslems. Im Staat Israel sind circa 5 Millionen der Einwohner Juden (79 %), 15 % Moslems und 2,1 % Christen (= ca. 132.000). Im palästinensischen Autonomiegebiet sind sie unter den mehrheitlichen Moslems ebenfalls eine kleine Minderheit. Die meisten einheimischen arabischen Christen gehören zu einer alten Kirche: der griechisch-orthodoxen, der griechisch-katholischen und der lateinischen.

Durch kirchliche Hilfswerke oder einzelne Wortführer(innen) erreichen uns vermehrt Hilferufe der Christen aus dem Heiligen Land. Sumaya Farhat-Naser[1], die sich leidenschaftlich für Verständigung einsetzt, schreibt: „Als Palästinenserin gehöre ich zu einem Volk, dem nach wie vor die Erfüllung und die Sicherstellung elementarer menschlicher Grundbedürfnisse verweigert werden. Wir entbehren weitgehend die uns zustehenden Menschenrechte – nicht nur auf nationaler, wirtschaftlicher, sondern auch auf kultureller und existentieller Ebene. Gewalt, Demütigungen und die andauernden Erfahrungen von Ungerechtigkeit erzeugen bei vielen unserer Leute ein Grundgefühl der Ohnmacht und der Perspektivlosigkeit. Die Sehnsucht nach einem Leben in Ruhe, Sicherheit und Frieden wird durch die politischen Fakten und Entwicklungen immer neuen Zerreißproben ausgesetzt und von Enttäuschungen und Resignation erstickt." Wir müssen solche Stimmen ernst nehmen als Aufschrei von Leidenden, auch wenn sie im größeren Rahmen auf ihren sachlichen Wahrheitsgehalt zu hinterfragen sind. Die Kirchenführer kämpfen darum, dass ihre Christen nicht auswandern und die heiligen Stätten als tote Museen für Touristen zurücklassen. Hier ist unsere Solidarität als Christen gefragt.

Sowohl die Moslems wie auch die Christen haben durch ihre Verbundenheit mit dem Weltislam (über 1 Milliarde) bzw. mit dem Weltchristentum (gegen 2 Milliarden) eine weitaus größere Einflussmöglichkeit, als es ihre kleine Zahl vermuten ließe. (Das Weltjudentum zählt rund 14 Millionen.) Den Islam betreffend kamen wir bereits auf die Übermacht der umgebenden arabischen Islamländer zu sprechen. Nur den innerarabischen Machtkämpfen ist es zu verdanken, dass Israel überhaupt noch existiert. Die panislamischen Konferenzen propagieren kämpferisch den Sieg des Islam über Israel. Die Streiks während der ersten Intifada waren nur möglich dank der Streikgelder aus den Ölstaaten, wobei die Christen das Nachsehen hatten. Während die Juden und Moslems im Heiligen Land ihre Positionen nur halten können dank dem Weltjudentum bzw. der panislamischen Solidarität, fehlt den palästinensischen Christen eine genügend starke und konstruktive

Solidarität mit den christlichen Glaubensgeschwistern. Der antiisraelische Druck der UNO auf Israel geht vor allem auf die Islamländer zurück und den westlichen Respekt vor dem Öl.

In der hoffnungslosen Lage der Palästinenser ist es begreiflich, dass antiisraelische Gefühle hochkommen. Dennoch sind die Christen in Israel gegenüber dem Judenstaat spürbar positiver eingestellt als die Moslems. Unter dem Geist des Evangeliums neigen sie weniger zum Judenhass und sind trotz ihrem Leiden mehr zur Versöhnung bereit. Wie schon erwähnt, könnten sie, unterstützt durch das Weltchristentum, eine enorme Friedensmission erfüllen. Doch was sie in dieser Mission behindert, ist einmal ihre innere Uneinheit, welche sich aber dank erfreulicher ökumenischer Bestrebungen allmählich verbessert. Ein weiteres Hindernis hängt mit ihrer ungeklärten Beziehung zu den Moslems und Juden zusammen. Die meisten palästinensischen Christen beugen sich zu unkritisch unter den Druck der Moslems, mit denen sie sich durch dieselbe arabische Kultur und Sprache verbunden wissen. Hinsichtlich der Juden sind sie vielfach noch belastet vom traditionell-christlichen Unverständnis für das Judentum und von den Verwundungen der nakba und haben meist (noch) nicht die biblische Vision für den „Wiederherstellungsplan“ Gottes mit den Juden. Der griechisch-katholische Patriarch Maximos IV. Saigh von Damaskus, ein profilierter Konzilsvater des letzten Konzils, soll nach der Rückkehr vom Konzil lauthals verkündet haben, er halte sich nicht gebunden an das, was das Konzil über die Juden gesagt habe[2]. Das ist auch heute noch die Haltung mancher arabischer Kirchenführer.

Anfang September 2001 erklärte mir der griechisch-katholische Patriarch Gregor III. Laham, der bekannt ist durch seine tiefe, konziliante Spiritualität und seine ökumenische Offenheit, er habe nichts gegen die Juden an sich, doch hätten die Juden (in Israel) nichts zu tun mit dem biblischen Gottesvolk und den sie betreffenden Verheißungen. Das jüdische Israel sei lediglich ein profanes Machtgebilde, ein verlängerter Arm der Amerikaner. Betreffs den Landverheißungen erklärte er, dass diese Verheißungen nicht materiell-wörtlich zu verstehen seien. Die Zusammenführung der Juden in ihrem Land könne sich nicht auf die Bibel berufen. Hinsichtlich der vom Konzil bekräftigten unwiderruflichen Erwählung der Juden vertritt er die durch Jahrhunderte verbreitete Auffassung: Diese Erwählung sei auf die christliche Kirche übergegangen, wodurch die Juden aus dem Mittelpunkt des Interesses gerückt sind (der Patriarch spricht von einer „inklusiven“ Sicht der Erwählung). Dies geht in die Richtung der vor dem Konzil üblichen „Enterbungstheologie“. Danach waren einst die Juden Gottes erwähltes Volk. Aber indem sie den Messias ablehnten, verloren sie ihre Erwählung, welche an die „Kirche aus den Völkern“ überging. Aus dem einstigen Gottesvolk sei eine „Synagoge Satans“ (vgl. Offb 2,9; 3,9) geworden. Die Kirche hat also das jüdische Gottesvolk

10

geistig „enterbt“, was ein starkes Motiv der Judenverfolgungen war. Der Papst hat sich mehrfach entschieden gegen diese Auffassung gestellt, u.a. in der Synagoge von Rom. Patriarch Gregor III. mildert die Härte dieser Auffassung, insofern er die Juden nicht ausdrücklich von ihrer Berufung ausschließt und daraus keine judenfeindliche Haltung ableitet. Für ihn sind die Juden einfach Menschen wie andere, denen man mit christlicher Liebe zu begegnen hat.

Doch leuchtet es ein, dass diese profane Sicht des Judentums keinen genügenden Anreiz bietet, um sich mit den Juden als den „älteren Brüdern“ aus Glaubensmotiven tiefer verbunden zu wissen und kollegial mit ihnen in Friedensinitiativen zusammenzuarbeiten. Erst aus einer biblischen Sicht der jüdischen Erwählung sind Christen genügend ausgerüstet als Werkzeuge der Versöhnung mit ihren „erstgeborenen Brüdern“. Wenn man die Juden nicht mit den Augen des biblischen Glaubens sieht, treten naturgemäß ihre negativen Eigenschaften und die alten Vorurteile stärker in den Vordergrund. Dann bekommen die natürlichen Bindungen an die soziologisch näher verwandten arabisch-muslimischen Volksgenossen den Vorrang gegenüber den Prioritäten des christlichen Glaubens. Dann ist man in erster Linie Araber und Palästinenser und erst in zweiter Linie Christ. Ähnliches erlebt man z.B. in Nordirland, wo die sich bekämpfenden Gruppen in erster Linie irische oder englische Nationalisten sind und erst in zweiter Linie Christen. Wenn der christliche Glaube bestimmend wäre, würde dort bald Friede sein.

Die Verlautbarungen Gregors III. bestätigen die dargestellte Präferenz. In seiner Huldigungsadresse an den Papst anlässlich seiner Einsetzung als Patriarch betont er seine Treue zur „arabischen Welt“, sein Engagement „in Fragen der Gerechtigkeit, des Friedens und der Rechte der arabischen Völker, vor allem in Palästina (für PLO-Palästinenser existiert Israel nicht, TM), im Libanon, in Syrien und im Irak... Man kann keinem einzelnen Volk (gemeint sind vor allem die Juden, TM) erlauben, den Frieden und das Gleichgewicht einer so großen Zahl von arabischen Ländern zu stören und dort Krise und Hass zu säen, sie wirtschaftlich zugrunde zu richten und dadurch die christliche Anwesenheit in Gefahr zu bringen...“ Unaufhörlich bezeugt der arabische Würdenträger seine Liebe zu den Moslems, z.B. in seinem Brief an seine deutschen Freunde: „Sie sind Objekt und Subjekt unserer Liebe. Diese Liebe entspringt dem Evangelium, unserem Glauben und unserer inneren Überzeugung. Dasselbe sagen wir zu den Moslems, ausgehend von ihrer Menschenwürde, ihrem Koran und ihrer Geschichte. Wir lieben sie, sie mögen uns lieben und zwar, damit wir gemeinsam – Christen und Moslems – unsere Welt lieben können...“ Wir freuen uns über diese Liebe zu den Moslems im Geist des Evangeliums; sie ist der beste Weg, den Moslems den biblisch-christlichen Gott der Liebe zu bezeugen. Doch was befremdet: Nirgends bezeugt der vormalige Patriarchatsvikar von Jerusalem seine Liebe zu den Juden als den Ersterwählten, denen Jerusalem besonders anvertraut ist, auch nicht in seinem „Regierungsprogramm“, das er an verschiedenen Stellen vorgetragen hat. Im Gegenteil: Immer wieder lehnt er ihre Vorrangstellung unter den drei monotheistischen Religionen in der Leitung der heiligen Stadt ab.

Dies ist nicht als persönlicher Vorwurf an den für den Brückenschlag zwischen der lateinischen und den östlichen Kirchen hochverdienten Kirchenführer gedacht, sondern soll zeigen, wie die meisten orientalischen Geistlichen denken. Auch wenn sie die christliche Liebe gegen die Juden predigen und üben, empfinden sie die Juden als Fremdkörper, ja Störenfriede im Land, als Ursache des Unheils (was vordergründig nicht falsch ist). Der Gedanke, dass ihre Einwanderung ins Land der Väter von Gott gewollt sein könnte, liegt ihnen fern. Siehe die bereits erwähnte heftige Reaktion arabischer Bischöfe und Theologen gegen das diesbezügliche Hirtenschreiben der französischen Bischöfe. Weil sie die tieferen Hintergründe des Nahostgeschehens, den Plan Gottes mit Israel, nicht kennen, sind sie zu einer konstruktiv-freundschaftlichen Zusammenarbeit mit der „Besatzermacht“ nicht genügend ausgerüstet.

Verbunden mit dieser „Blindheit“ der arabischen Kirchenführer gegenüber den Juden ist ihre Blindheit für die dunklen Hintergründe des Islam Gewiss soll man die Moslems lieben und dankbar alle positiven Anknüpfungspunkte im Koran für den Dialog ausnützen[3], doch stimmt es bedenklich, wenn führende palästinensische Christen den Islam und den Koran hochjubeln[4] und dabei die Chance verpassen, die ihnen der Anschluss an den jüdischen Wurzelgrund böte. Dadurch vernachlässigen sie ihren Auftrag, Brücke zu sein zwischen Juden und Moslems, inspiriert vom Glauben an Jesus, den Messias Israels und Heiland aller Völker, „der die beiden, Juden und Nichtjuden, in seiner Person zu einem einzigen neuen Menschen macht“ (vgl. Eph 2,14f).

Dies ist nicht als Vorwurf gegen die palästinensischen Christen gesagt, die oft unter großen Opfern ausharren im Land Jesu, der durch sein Lebensopfer und die pfingstliche Geistausgießung Jerusalem zum Mittelpunkt der Christenheit und zum Sammelpunkt aller Völker gemacht hat. Er ist das „Ja und Amen“ zu den Verheißungen an Israel, auch zur Landverheißung. Wir Christen haben die Juden in ihrer Berufung zu bestärken, so wie auch das Zeugnis des jüdischen Glaubens uns helfen kann zu einem volleren christlichen Selbstverständnis. Wenn dies die meisten palästinensischen Christen noch nicht so erkennen, zeigt uns dies wie in einem Spiegel, wie die Gesamtkirche früher noch dachte und wie heute noch viele trotz Konzil denken. Es zeigt uns auch, wie wichtig es ist, die palästinensischen Christen einfühlsam zu einer biblischen Sicht der politischen Zusammenhänge zu führen.

[1] Bekannt durch ihre Vortragstournees und Bücher „Thymian und Steine“ (1995) und „Verwurzelt im Land der Olivenbäume (2002), beide im Lenos-Verlag, Basel. Allerdings halten viele Behauptungen der Autorin einer sachlichen Prüfung nicht stand. Dennoch sind ihre emotionalen Ergüsse als Aufschrei eines traumatisierten Volkes ernst zu nehmen. Dazu siehe die bei mir erhältliche Besprechung von Daniel Schürch-Tal.

[2] mündliche Information von Prof. Kurt Hruby

[3] Das letzte Konzil betrachtet in Nostra aetate 3 „mit Hochachtung“ die Muslime, welche „den alleinigen Gott anbeten,... den barmherzigen und allmächtigen...“ und ruft zum „gegenseitigen Verstehen“ auf.

[4] Realistischer beurteilt Sadey Hedayat, ein bedeutender iranischer Schriftsteller des 20. Jh. den Koran: „Der Koran ist ein Übelkeit verursachendes Gemisch aus unverdauten und sich widersprechenden Meinungen und Überzeugungen, die aus anderen Konfessionen, Religionen und dem alten Aberglauben in panischer Eile stibitzt und zusammengekittet worden sind.“ (Zitiert in Kurier CM, 9/01). – Ein Christ wird behutsam zeigen, wie man die in diesem Gemisch enthaltenen Perlen aus der Bibel wieder in ihrem ursprünglichen biblischen Zusammenhang zum Leuchten bringen kann.

11. Zur palästinensischen Befreiungstheologie

11

In der menschlich aussichtslosen Lage der palästinensischen Christen ist es begrüßenswert, dass ihre Theologen hilfreiche Antworten in einer „kontextuellen" (auf die Situation eingehenden) Schriftauslegung suchen. In der Spur der lateinamerikanischen Befreiungstheologien haben etliche von ihnen für ihr Volk befreiungstheologische Bücher geschrieben.[1] Der Grundtenor ist: Die Palästinenser sind das von den Zionisten versklavte Volk Gottes. Gott möchte sie, wie damals die Israeliten durch Mose, durch eine Intifada (=Abschüttelung) befreien. Jesus ist der Anführer des Befreiungskampfes. Zurecht stützen sich diese Theologen auf die scharfen biblischen Weisungen gegen Ungerechtigkeit und Ausbeutung der Armen. „Recht, nichts als Recht!" heißt eines dieser Bücher, in Anspielung an Dtn 16,20: „Gerechtigkeit, Gerechtigkeit – ihr sollst du nachjagen..."[2]

Doch in diesen Theologien fehlen wesentliche Aspekte, die zu beachten wären, um die Palästinenser zur echten Freiheit zu führen. Jesus ging ganz anders vor. Schon damals gab es Intifadakämpfer, die Zeloten, welche das harte Römerjoch abschütteln wollten und durch ihr Eifern die Zerstörung Jerusalems und die Vertreibung der Juden aus Judäa herbeiführten. Jesus distanziert sich scharf von dieser Mentalität und propagiert die sanfte Alternative der Bergpredigt. Er lehrt, sich friedlich unter die Römerherrschaft zu beugen („Gebt dem Kaiser..."), und gewinnt so unter den Römern Freunde, welche später im Römerreich die Heeresstraßen zur Verbreitung seines Evangeliums öffnen. Die Kunst, „wie man Freunde gewinnt", sei allerdings nicht nur den Palästinensern, sondern auch den Israeli dringend ans Herz gelegt. Jesus sah mit den Propheten die Fremdenherrschaft als verdiente Strafe und zeigte, wie diese zum Segen werden kann.

Die Klage Jesu über Jerusalem gilt auch heute, den Palästinensern wie den Juden: „Wenn doch auch du an diesem Tag erkannt hättest, was dir Frieden bringt. Jetzt aber bleibt es vor deinen Augen verborgen". Wegen der Blindheit der Einwohner musste Jesus weinend der Stadt das Strafgericht ansagen: „Es wird eine Zeit für dich kommen, in der deine Feinde rings um dich einen Wall aufwerfen... Sie werden dich und deine Kinder zerschmettern und keinen Stein auf dem andern lassen; denn du hast die Zeit der Gnade nicht erkannt" (Lk 19,41-44). Jesus reiht sich in die Linie der Propheten, für deren Botschaft man zum eigenen Verderben taub war: ‚Jerusalem, Jerusalem, du tötest die Propheten und steinigst die Boten, die zu dir gesandt sind. Wie oft wollte ich deine Kinder um mich sammeln, so wie eine Henne ihre Küken unter ihre Flügel nimmt; aber ihr habt nicht gewollt" (Lk 13,34f). Auch heute sind die Einflussreichen, auch die Christen, oft blind für das, „was dem Frieden dient", und taub für die Stimme echter Propheten, allen voran die Stimme des „Friedensfürsten". Das vorliegende Schreiben möchte ein bisschen die Augen öffnen für das, „was dem Frieden dient".

Zu den alten Propheten, die auch heute für unser Anliegen aktuell bleiben, gehört Jeremia, der die Gefangenen in Babylon mahnte (Jer 29; 42,7-18), sich loyal und dienstbereit unter die babylonische Herrschaft zu beugen: „Bemüht euch um das Wohl der Stadt (Babylon), in die ich euch weggeführt habe, und betet für sie zum Herrn; denn in ihrem Wohl liegt Euer Wohl" (Jer 29,7). Wer das Joch des Königs von Babel abschütteln möchte („Intifada"), der würde unter ein härteres Joch geraten (Jer 28,13f). Jeremia warnt vor den falschen Propheten (Befreiungstheologen): „Hört nicht auf die Propheten, die zu euch sagen: Ihr sollt dem König von Babel nicht untertan sein..." (27,14).

Zu Recht wendet ein palästinensischer Theologe die Geschichte von Nabots Weinberg (1. Kön 21) auf die heutige Situation an. König Ahab hatte auf Betreiben seiner heidnischen Frau Isebel dem Bauern Nabot den Weinbergs enteignet und ihn umbringen lassen. Die Strafe dafür, durch den Propheten Elija verkündet, ließ nicht auf sich warten. Ähnlich wurden manche arme Palästinenser von den zionistischen Herren enteignet, weil diese ihre Kibbuzim vergrößern wollten. – Es gibt aber auch eine jüdische Auslegungsversion: Nabot hätte vom König im Austausch einen noch besseren Weinberg oder eine angemessene Entschädigung in Geld bekommen können. Doch glaubte er, ihn nicht weggeben zu dürfen, weil er ihm im Grund nicht persönlich gehörte, sondern ihm nur als Erbgut von den Vätern anvertraut wurde, um ihn den kommenden Generationen weiterzugeben. Darin spiegelt sich die jüdische Auffassung vom „Land der Väter", das ihnen von Gott anvertraut wurde und das sie nicht beliebig um eines trügerischen Friedens willen oder um Geld weggeben dürfen. Gewiss gab es viel harte Ungerechtigkeiten vonseiten der Israeli. Doch waren diese im Vergleich mit den Arabern bedeutend mehr bereit zu Entschädigungen für Land- und Hausenteignungen. – Diese beiden Versionen zeigen, dass man die Bibel unter verschiedenen Gesichtspunkten, die sich nicht ausschließen, auslegen kann.

Den palästinensischen Befreiungstheologen (aber auch vielen westlichen Christen) fehlt das für eine Lösung der Krise notwendige Verständnis für den Plan Gottes mit den Juden. Vieles im Bibelverständnis gibt es hier aufzuarbeiten. Die historische Bibelwissenschaft ist hilfreich, doch sie genügt nicht, wenn man sich nicht vom Geist Gottes, der die Entstehung der Bibel geleitet hat, die Übersetzung ins Heute schenken lässt. Die heutige Geschichte Israels zeigt, dass Gott wieder, wie damals im Alten Bund, „mit starkem Arm" in die Weltgeschichte eingreift, auch auf krummen Wegen mit widerspenstigen Werkzeugen. Sie zeigt, dass die erdnahen Prophetien von der Rückkehr ins Land, vom neuen Jerusalem und vom Kämpfen und Siegen durchaus real gemeint sind, wenn auch erst im Geist Jesu richtig zu verstehen. Eine große evangelikale Literatur zeigt, allerdings manchmal zu wenig kritisch, wie sich biblische Prophetie heute vor allem im Land der Bibel erfüllt.[3] Es wäre zu billig, diese Art von Auslegung als „fundamentalistisch" abzutun. Die christliche Auslegung war oft der Gefahr der Verspiritualisierung erlegen. Erdnahe Aussagen hat man ins Geistige verflüchtigt. Wir Christen lasen zwar früher auch die Prophetenstellen über die Heimführung der Kinder Israels „aus allen Ländern, in die ich sie zerstreut habe", über den neuen Exodus, den Wiederaufbau des Landes usw., doch dies haben wir, ohne es zu hinterfragen, in einem vergeistigten, symbolischen Sinn verstanden und es auf die christliche Kirche oder das endzeitliche „Himmelreich" angewandt. Die Schilderung vom Wiederaufbau Jerusalems wurde zum Bild von der Kirche und dem himmlischen Jerusalem, wobei der Kontakt mit dem irdischen Jerusalem und dem konkreten jüdischen Gottesvolk verloren ging. Es könnte uns erschrecken, wie real die biblische Geschichte und Prophetie wieder wird, wenn man sie im Blick auf das heutige Israelgeschehen liest.

Im Konflikt zwischen Ismael und Israel, zwischen den aus dem natürlichen Verlangen entsprungenen Nachkommen Abrahams und seinen aus der göttlichen Verheissung gezeugten Nachkommen zeichnet sich bereits klar der heutige Konflikt zwischen Arabern (Moslems) und Juden (Christen) ab (vgl. Gal 4,21-31). Die Araber leiten sich von Ismael ab und halten Ismael, in Verdrehung der biblischen Aussage, als den Träger der Verheißung.

Ein Beispiel für die Aktualität der Bibel ist Psalm 83, ein Hilferuf um Rettung vor den Feindes des Volkes. Da heißt es: „Gegen dein Volk ersinnen sie listige Pläne und halten Rat gegen die, die sich bei dir bergen. Sie sagen: »Wir wollen sie ausrotten als Volk; an den Namen Israel soll niemand mehr denken«." Anschließend werden Feindvölker aufgezählt, deren Namen z.T. heute noch existieren: Ismaeliter, Philister (= lat. Palästinenser), Assur (Syrien). Unter Hitler bewahrheitete es sich, dass man die Juden „als Volk ausrotten" wollte. Dass man „an den Namen Israel nicht mehr denkt", ist das Bestreben der Palästinenserführer. Die Palästinensische Autonomie hat mit westlicher Unterstützung eine Landkarte herausgegeben, worauf Israel nicht mehr existiert. Als der christliche Journalist Ludwig Schneider den palästinensischen Außenminister Faisal Husseini dafür zur Rede stellte, äußerte dieser lächelnd seine Überzeugung, dass nach ein paar Jahren Israel verschwunden sein wird, so wie der Kreuzfahrerstaat nach kurzer Zeit verschwand[4]. Eine evangelisch-arabische Kirche hatte die Bibelstellen mit „Israel" aus dem liturgischen Gebrauch gestrichen. In der Tat müssen für eingefleischte antiisraelische Palästinenser die verheißungsvollen Schriftworte über Israel eine harte Herausforderung sein. Auch wenn sie wissen, dass der heutige Staat Israel nicht identisch ist mit dem biblischen Israel, können sie doch die innere Beziehung zwischen beiden nicht leugnen. Dass Israel durch Palästina verdrängt werden soll, geht auf den Judenhasser Kaiser Hadrian, der die Juden aus Judäa vertrieb, zurück. Um die Erinnerung an das Judentum auszulöschen, benannte er „Judaea“, das Land der Juden, nach ihren Feinden, den Philistern, als „Syria Palaestina“ (das philistäische Syrien). Palästina heißt also Philisterland. Noch heute gibt es Christen, die das Land Israel lieber nach deren Feinden, den Philistern, benennen. Die Pointe vom Umgang mit Psalm 83 ist, dass er auch in der katholischen Kirche aus dem Brevier, dem liturgischen Stundengebet, gestrichen wurde. Offenbar fehlte den Liturgikern der Sinn für aktuelle Schriftauslegung. Der letzte Vers des Psalms enthält eine kraftvolle Prophetie: „Sie (die Feinde Israels) sollen erkennen, dass du es bist. HERR ist dein Name. Du allein bist der Höchste über der ganzen Erde.“ Einst werden alle erkennen, wer der Herr der Geschichte ist. Einst wird sich Gottes Plan mit Israel, wie er in der Bibel bezeugt ist, gegen alle Widerstände durchsetzen.

Viele können es nicht glauben, mit welch raffinierter Strategie die palästinensischen Politiker auf den Untergang Israels hinarbeiten.[5] Zwar wurden auch gelegentlich auf israelischer Seite unter dem Druck der Unverträglichkeit des Zusammenlebens mit Palästinensern Pläne zum „Transfer“ von Palästinensern in rein arabische Gebiete erwogen. Doch ist dies nicht zu vergleichen mit den arabischen Untergangsplänen.

Immer mehr scheidet Israel (nicht nur der Staat, sondern auch die hinter dem Namen stehende biblische Botschaft) die Geister. Das zeigt sich in den Medien. Je stärker der palästinensische Terror wird, desto unbeliebter wird paradoxerweise Israel. Die Weltöffentlichkeit zeigt mehr Verständnis für den palästinensischen Terror, der als Reaktion auf langjährige Unterdrückung erklärt wird, als für Israels Reaktion, die oft als zu brutal gewertet wird. Auf der UNO-Antirassismuskonferenz Anfang September 2001 in Durban wurde Israel des Rassismus angeklagt[6] und zum größten Feind des Weltfriedens erklärt, während kein Wort fiel über die palästinensischen Selbstmordanschläge, die Christenverfolgung in Moslemländern, die Frauenunterdrückung in Saudi-Arabien usw. So nähern wir uns immer schneller der Verwirklichung der Vision von Sach 12, wo „alle Völker“ sich rasend gegen Jerusalem richten, bis der Gott Israels selber eingreift und „alle Völker vernichtet, die gegen Jerusalem anrücken.“

Sollen sich die palästinensischen Christen einfach resigniert ihrem Schicksal ergeben, in der Hoffnung, dass der Himmel selbst einmal eingreift, oder sollen sie sich dem Widerstand der Freiheitskämpfer anschließen? Ich kenne gute palästinensische Christen, welche aus einer vagen Hoffnung leben, aber nicht wissen, was sie konkret zur Verbesserung der Lage beitragen können. Da gilt es, die christliche Alternative zu entdecken, welche aus einer prophetischen Vision zu konkreten Schritten in Richtung Frieden in Gerechtigkeit führt. Dazu gehört die Solidarität nicht nur mit christlichen „Mitkämpfern", sondern auch besonders mit den „erstgeborenen" jüdischen Brüdern und die Bereitschaft zur loyalen Zusammenarbeit mit der „Besatzungsmacht" („Bemüht euch um das Wohl der Stadt..., denn in ihrem Wohl liegt euer Wohl", Jer 29,7). Im Geist der Bergpredigt ist eine Vertrauensbasis zu schaffen, um berechtigte Forderungen wirkungsvoll vorbringen zu können. Hilfreich dabei ist die Zusammenarbeit mit israelischen Menschenrechtlern und Medienleuten, von denen manche offen sagen, dass ihr Staat, zwar teilweise durch die Umstände gezwungen, ein Unrechtsstaat ist. Bezeichnenderweise fehlt diesem Staat eine Verfassung, in der die Menschenrechte gewährleistet sind. Solange Israel sich in seiner Existenz bedroht sieht, ist die Abwehrhaltung die natürliche Reaktion. Zum wirkungsvollen Vorgehen wären darum pauschale Anklagen gegen den Staat Israel kontraproduktiv. Doch sobald eine genügende Vertrauensbasis geschaffen ist, haben gut begründete Postulate durchaus Aussicht auf Erfolg, besonders wenn die Postulate so vorgebracht werden, dass sie von israelischer Seite als Beitrag auch zu ihrer eigenen Sicherheit verstanden werden können. Dabei werden die Christen nicht darum herumkommen, sich eindeutig von den staatsfeindlichen Tendenzen ihrer islamischen Brüder zu distanzieren und sich dadurch bei ihnen unbeliebt zu machen. Beispiele eines wirksamen gewaltfreien Vorgehens sind Mahatma Gandhi und Martin Luther King. Zum einen Teil aus einer Protesthaltung, zum andern Teil aus Hilflosigkeit verzichten die meisten israelischen Palästinenser auf die Ausnützung ihrer demokratischen Möglichkeiten zu einer konstruktiven Zusammenarbeit mit dem Staate Israel. Da müsste sich die christliche Minderheit mit einer klaren politischen „Vision" profilieren. Doch fehlen dazu noch fähige Politiker und die entsprechende Bewusstseinsbildung der Basis. Etliche PLO-Führer sind „Christen", z.B. der internationale Terroristenführer und Arzt Georges Habasch. – Im folgenden Abschnitt gehen wir näher ein auf die zum wirksamen Vorgehen motivierende Vision. Es ist die den Juden und Christen gemeinsame biblische Vision des „Friedens über Jerusalem", den allein der „Friedensfürst" zu bringen vermag.

Eine Voraussetzung zu einem Frieden in Gerechtigkeit wäre das geduldige Verhandeln auf Vertrauensbasis in gegenseitiger Anerkennung. Doch werden fortlaufend alle Anläufe zum Verhandeln unterbrochen durch Terrorakte. Viele Palästinenser setzten ihre Hoffnung auf einen souveränen Palästinenserstaat. Doch tiefer blickende Palästinenser und Juden halten dafür, dass dies angesichts der Kleinheit des Territoriums keine dauerhafte Lösung sein kann. Sie vertreten das „Schweizer Modell": ein demokratischer Staat für

11

beide Völker, in dem die verschiedenen Volksgruppen mit ihrer je eigenen Kultur friedlich miteinander leben können. Der palästinensische Jurist Sami Aldeeb aus Galiläa, der jetzt eine Arbeitsstelle für internationales Recht in Lausanne leitet, hat im April 2003 eine Vereinigung von Juden und Palästinensern, Christen und Moslems gegründet zur Propagierung eines einzigen demokratischen Staates Israel/Palästina, der die Menschenrechte aller Gruppen garantiert.[7] Schon früher gab es ähnliche Initiativen. Doch so einleuchtend die Argumentation dieser Gruppen ist: Der Verwirklichung steht vor allem die Schwierigkeit der mangelnden gemeinsamen weltanschaulichen Basis entgegen. Ein rein säkularer Staat kann in diesem biblischen, von Juden und Moslems beanspruchten Land nicht gelingen, wenn nicht die geistliche Basis bereinigt ist. Dazu hätten die Christen, welche von ihrem Ursprung her im Judentum wurzeln und doch alle Völker (auch die arabischen) umspannen, einen unabdingbaren Beitrag zu leisten. Sie allein könnten die Brücke zwischen Juden und Moslems bilden. Auch aufgeschlossene Moslems ließen sich für das biblische „Zionsprojekt", das auch die „Söhne Ismaels", „Ägypten und Assur" einbezieht, gewinnen (Jes 19,25).

[1] Darüber habe ich in einem Manuskript ausführlicher geschrieben.

[2] Naim Stifan Ateek: „Recht, nichts als Recht! Entwurf einer palästinensisch-christlichen Theologie", Fribourg/Brig (Exodus Verlag) 1990.

[3] Eine kleine Auswahl: Marius Baar: Das Abendland am Scheideweg. Ismael oder Israel - Koran oder Bibel - Mohammed oder Jesus? Versuch einer Deutung der endgeschichtlichen Prophetie, Asslar 1979. Ders: Nahost. Auftakt zu Weltbrand oder Weltfrieden? Erbschaftsstreit zwischen Ismael und Isaak um Volk, Land und Segen, Bad Liebenzell 1991. Ramon Bennett: Wenn Tag und Nacht vergehen. Eine prophetische Sicht... über Israel, Lübeck 1993. Claude Duvernoy: die Apokalypse hat begonnen, Thun 1994. Fritz May: Apokalypse über Jerusalem, Asslar 2001.

[4] Dieser Journalist berichtete dies in einem Vortrag, wo er auch die besagte Landkarte vorzeigte. Auskunft auf der NAI-Redaktion, Jerusalem.

[5] Ausführlich dokumentiert in: Joel S. Fishman: „Zehn Jahre seit Oslo: Die »Volkskrieg«-Strategie der PLO und Israels unangemessene Antwort", Jerusalem Viewpoints Nr. 503 (Sept. 2003), deutsche Übersetzung bei Kontaktgruppe Israel, M. Böhme, Seltisbergerstr. 28, CH-4059 Basel, Tel/Fax 0041-61-332 2882.

[6] Was allerdings auf Betreiben der europäischen UNO-Staaten in der Schlusserklärung wieder fallengelassen wurde.

[7] www.one-democratic-state.org

12. „Ohne prophetische Offenbarung geht mein Volk zugrunde“ (Spr 29,18; Hos 4,6)

12

– Das „Geheimnis Israels“

Gott hat eine Vision für sein noch getrenntes Volk von Juden und Christen. Nur mit dieser Vision, die von der gemeinsamen Bibel genährt wird, ist die Nahostkrise zu lösen. Juden und Christen haben von Gott einen kostbaren Schatz anvertraut bekommen, aber sie tragen ihn in „zerbrechlichen Gefäßen“ (2 Kor 4,7). Der goldene Kern ist verborgen in einer manchmal abstoßenden Schale. Jede Glaubensgemeinschaft hat die Neigung, sich gegenüber den andern durch Abgrenzung zu profilieren, indem sie bei den andern mehr die Irrtümer und Fehler sieht, statt sie als Ergänzung, Korrektur und Ansporn dankbar anzunehmen. So glaubten die Christen schon früh, ihre Identität behaupten zu müssen, indem sie sich von der jüdischen Wurzel distanzierten und die Juden bekämpften. Der Spaltpilz, der dies verursachte, führte zu immer neuen Spaltungen in der Christenheit. Der tiefste Grund der Spaltung ist, dass man seine Glaubensüberzeugung über den lebendigen Gott, der unser Begreifen übersteigt, stellt. Dogmen, Gebote und Traditionen stehen dann in der Mitte und nicht die demütig-liebende Glaubenshaltung gegenüber dem lebendigen Gott. Gewiss soll man seinen Glauben vor den andern bezeugen, aber im demütigen Bewusstsein, dass unser Wissen Stückwerk bleibt und Gott größer ist als unser Herz (1. Kor 13,12; 1. Joh 3,20). Solange man die „Wahrheit“ als Waffe gegen den andern einsetzt, hat man sie nicht verstanden, denn die Wahrheit ist letztlich eine Person, Gott selber, den man nicht in Begriffe einfangen („definieren“) kann (Joh 14,6). Wenn die Wahrheit mit Liebe bezeugt wird (Eph 4,15), verletzt sie nicht.

12.1. Vom Geheimnis Israels getroffen

In leidenschaftlicher Liebe bezeugte Paulus seine „umwerfende“ Erfahrung mit dem Messias Israels vor seinen jüdischen Brüdern. Doch statt sie für ihren Unglauben anzuklagen, bot er sich selber „in unablässiger Trauer“ wie Mose als Opfer für sie an (Röm 9,2f; Ex 32,32). Die Antwort auf ihren Unglauben findet er im Vertrauen auf den unbegreiflichen Gott, der „alle in den Ungehorsam eingeschlossen hat, um sich aller zu erbarmen“ (Röm 11,32). Er bezeichnet das Heilshandeln Gottes an Israel als „Geheimnis“ (Röm 11,25), als etwas Unfassbares, vor dem man nur anbetend niederfallen und Gottes unerforschliche Weisheit preisen kann (Röm 11,33-36). Dies verbietet den Christen jeden verurteilenden Überlegenheitsdünkel gegenüber den Juden (Röm 11,18; 14,10f; 1 Kor 10,11). Gerade diese Haltung fehlte den Christen, was letztlich zur jüdisch-christlichen Katastrophe und zu den weiteren Spaltungen führte. Hier müssen wir ansetzen, um den Nahostkonflikt zu heilen.

Es genügt nicht, die Juden in humanitärem Wohlwollen als Menschenbrüder zu respektieren, sondern wir haben sie mit den Augen des biblischen Glaubens als das anzunehmen, wozu sie Gott – nach dem Zeugnis der hebräischen Bibel wie des Neuen Testamentes – berufen hat, auch wenn viele von ihnen sich selber noch nicht so sehen können und wenn uns die aktuelle Praxis dieses gottgehorsamen Lebens oft fremd und provozierend erscheinen mag. Solches jüdische Leben, gerade auch in seiner rabbinischen und orthodoxen Ausprägung, ist und bleibt auf Tora und Propheten bezogen und ist damit letztlich auf das eine Ziel ausgerichtet, auf das wir im Gehorsam und in der Nachfolge Jesu Christi als Christen zugehen.

12.2. Gegenseitige Herausforderungen

Durch das gegenseitige Glaubenszeugnis bestärken wir uns in unserer Identität als Christen und Juden. Wir Christen werden durch das Zeugnis des jüdischen Glaubens unsere christliche Identität tiefer erkennen. Wie viel reicher würde doch unser Glaubensleben, wenn wir uns bewusster aus der jüdischen Wurzel ernährten! Nur so können wir unter den Juden neuen Grund für das jahrhundertelang unterminierte und zerstörte Vertrauen legen. Nach Paulus soll unser Verhalten die Juden „zur Eifersucht reizen" (Röm 11,11), d.h. wir sollen so ansteckend aus der Fülle der den Juden verheißenen geistlichen Gaben leben, dass sie, denen sie in erster Linie zugesprochen sind, diese auch haben möchten.

Orthodoxe Juden sagen zwar, dass sie das Christentum zu ihrem Selbstverständnis nicht brauchen, was für das rabbinisch-verfestigte und in sich abgeschlossene Judentum stimmen mag. Das rabbinisch-orthodoxe Judentum war und ist das Werkzeug in der Hand Gottes, um das Judentum durch die Jahrhunderte zu bewahren, gleichsam als sein Rückgrat, und verdient unsere Hochachtung. Für beide Teile, Juden und Christen, ist es schmerzhaft anzuerkennen, dass die Geschichte des Gottesvolkes durch das Kommen Jesu in zwei getrennten Strömen weitergeht, die sich gegenseitig zu ergänzen haben und am Ende der Zeit wieder zusammenkommen werden. Paulus illustriert dies mit dem Bild des Ölbaums (Israel) und der eingepfropften wilden Ölzweige (die nichtjüdischen Gläubigen, Röm 11,16-24). Die Kirche Jesu bleibt unvollständig, solange sie nicht wieder voll mit ihrer jüdischen Wurzel verbunden ist (Eph 2,11ff).

Wie wir Christen trugen und tragen auch die Juden die Neigung in sich, von der ursprünglichen Berufung abzufallen unter der Tarnkappe einer verfestigten Religion. Darum brauchen Christen wie Juden und alle Menschen eine ständige Umkehr zum lebendigen Gott. Zu diesem Zweck sandte Gott immer wieder Propheten, die unter dem Antrieb des Gottesgeistes zur Umkehr riefen. Die große Sünde Israels (und der Christen), vor allem seiner religiösen Führer, war, nicht auf die Propheten zu hören, sondern sie sogar zu töten. An Jesus wurde das Maß der von den Religionshütern getöteten Propheten voll (Lk 13,34). Jesus, der „nicht gekommen ist, das Gesetz und die Propheten aufzuheben, sondern sie zu erfüllen" (Mt 5,17, vgl. 9,13; 15,8f; 22,36-40), war bestrebt, das „rabbinisch" durch „Pharisäer und Schriftgelehrte" überwucherte Judentum wieder zu seiner ursprünglichen Bestimmung zurückzuführen. (Übrigens gibt es „Pharisäer und Schriftgelehrte" – im negativen Sinn – nicht weniger in den christlichen Kirchen.) Bei seinem Tod bebte die Erde, und der Vorhang im Tempel riss von oben nach unten entzwei. Die Folge war die Tempelzerstörung im Jahr 70 (Lk 21,20ff; 13,35).

Die alten Kirchenväter deuteten dies als endgültiges Todesurteil über das Judentum. Doch sie rechneten nicht damit, dass Gott in seiner Treue und Barmherzigkeit auch hier Auferstehung der Toten schenkt, wie es Paulus in Röm 11,15 bezeugt. Das nach der Tempelzerstörung weitergehende rabbinische Judentum ist Zeichen eines neuen Anfangs und der Treue Gottes zu seinen Verheißungen. Damit das rabbinische Judentum nicht erstarrt, muss die Gesetzeserfüllung immer wieder von „Propheten" belebt werden, was nicht weniger für uns Christen gilt. Die vielen Prophetentexte, die auf die „Wiederherstellung Israels" unter dem Messias, der als Leidensmann die Schuld seines Volkes auf sich nimmt (Jes 53), hinweisen, können das Judentum von seiner Wurzel her erneuern.

12.3. Eins im Höre Israel…!, dem Grundbekenntnis zum einzigen Gott Israels

Ein heilsamer Anstoß für uns Christen ist das Buch des gelehrten Rabbiners Jacob Neusner „Ein Rabbi spricht mit Jesus".[1] Neusner hat ein ungebrochenes Verhältnis zu den Christen und schätzt Jesus und seine Botschaft. Dennoch kann er aus seinem jüdisch-rabbinischen Glauben an den alleinigen Gott nicht dem Anspruch und Selbstverständnis Jesu folgen, der Mensch gewordene, ewige Sohn und die letzte, unüberbietbare Offenbarung und Selbstmitteilung des einzigen Gottes zu sein. Diese kraftvolle Ablehnung ist für Neusner der Ausdruck seiner Treue zum „Sch`ma Jisrael", dem Glaubensbekenntnis Israels, das auch das Fundament der Verkündigung Jesu ist. Jesus steht selber voll hinter diesem Glaubensbekenntnis und zitiert es als das grundlegende Gebot dem fragenden Schriftgelehrten: „Höre, Israel, der Herr, unser Gott, ist der einzige Herr. Darum sollst du den Herrn, deinen Gott lieben…" (Mk 12,29; Dtn 6,4f). Wir sollen nicht apologetisch zu beweisen suchen, dass der christliche Glaube an Jesus diesem Glauben nicht widerspricht, sondern ihn erfüllt und schon in der hebräischen Bibel angelegt ist. Dieses Nichtannehmenkönnen soll uns vielmehr bewusst machen, dass Glauben kein Menschenwerk ist, das man andern beweisen und aufdrängen kann, sondern reine Gnade Gottes. Nichtglaubenkönnen muss kein Zeichen von bösem Willen sein (obwohl Mose und die Propheten dem Gottesvolk oft seine „Halsstarrigkeit" vorwerfen), sondern zeigt, dass Gott mit seinem Volk einen besonderen Zeitplan hat (vgl. Röm 11,8.10.12.25; 2. Kor 3,15f). Letztlich muss jeder seinem als richtig erkannten Glauben treu sein.

Diese „Verhärtung" (Röm 11,25)[2] darf keine negativen Gefühle gegenüber den Juden wecken, sondern soll uns anspornen, umso klarer mit Christus den einzigen „Gott Abrahams, Isaaks und Jakobs" zu verherrlichen und damit das Sch`ma Jisrael zu leben. Jesus will als der wesensgleiche Sohn nicht an Stelle Gottes verherrlicht werden[3], sondern versteht sich als „Weg" zu ihm (Joh 14,6.9f.28). Er will nichts anderes, als den Vater zu „verherrlichen" und uns hineinzuziehen in seine „Verherrlichung" des Vaters (Joh 13,31f; 17,1.4.10). Er betont: „Niemand ist gut ausser Gott, dem Einen" (Lk 18,19), um unsere Aufmerksamkeit ganz auf den Einen, den Vatergott, zu lenken. Er möchte uns als der ewige, vielgeliebte Sohn hineinnehmen in seine totale, sich verströmende Hingabe an den Vater, in der er seine eigene „Verherrlichung" findet. Damit ermöglicht er es uns, das Sch'ma noch radikaler zu leben.

Der schmerzliche Glaubensunterschied lädt uns ein, tiefer nachzudenken über den biblischen Sinn der Einzigartigkeit Gottes. „Gott JHWH ist einzig (ächad)" ist exegetisch die Voraussetzung der neutestamentlichen Sicht der Einheit Gottes. Während das verwandte „yachid" eins/einzig im Sinn von einsam/abgeschieden bedeutet und die Vorstellung eines einsamen, monolithisch einpersönlichen Gottes (wie im Islam) wachrufen könnte, begünstigt „ächad" die Vorstellung der integrativen Einheit unter mehreren, der Liebeseinheit. Die Einheit Jesu mit dem Vater (Joh 10,30) erscheint als potenzierte, dynamische Einheit, als Quell und Modell der Liebeseinheit des Gottesvolkes mit seinem Gott (Joh 17,11-26; Mal 2,10; Jer 32,39; Ez 34,23; 37,22.24). Mit anderen Worten: Gerade weil Gott der Eine ist, entspricht Einung in dreifaltiger Liebesgemeinschaft seinem Wesen.

12.4. Umkehr zur gemeinsamen Vision

Wieder zurück zur Nahost-Realität. Wir begreifen die palästinensischen Christen, dass sie die Juden, von denen sie sich als „Fremde im eigenen Land"[4] behandelt fühlen, nicht ohne weiteres im Licht ihrer biblischen Berufung sehen können. Es braucht dazu eine eigentliche Bekehrung und

Erleuchtung, wie sie etlichen Palästinensern geschenkt wurde. Umgekehrt begreifen wir die Juden, wenn sie in den christlichen Kirchen nicht eine legitime Weiterentfaltung ihres jüdisch-biblischen Glaubens sehen können. Diese Schwierigkeit, einander im Licht Gottes zu sehen, kennen wir schon aus der oft gespannten Beziehung zwischen den christlichen Konfessionen. Es braucht viel Licht und Liebe, um hinter den historischen Überwucherungen wie z.B. in der katholischen Kirche das goldene Herz der „Braut Christi“, nicht nur die „Hure Babylon“ zu sehen. Lehrmeister, die Mitmenschen und Glaubensgemeinschaften nicht „nach dem Fleisch“, sondern „nach dem Geist“ zu beurteilen (2. Kor 5,16; 1. Kor 2,14f), ist Gott selber. Obwohl in der Bibel das Gottesvolk oft als treulos und halsstarrig dargestellt wird, hält Gott mit beharrlicher Treue an seiner Erwählung fest (Jes 54,10; Jer 31,3; Hos 11,7ff; 2. Tim 2,13). Dass Gott an Israel „mit ewiger Liebe und Treue“ handelt, ist die Chance für uns alle und verpflichtet uns, Israel gegenüber ebenso großherzig zu sein.

Damit Gott wieder heilbringend eingreifen kann, braucht es „Umkehr“. Die hebräische Bibel ist reich an Beispielen, wie das Volk zu seinem Gott umkehrt, worauf er wieder eine wunderbare Rettung schenkt. Sowohl unter Juden wie unter Christen gibt es heute Umkehrbewegungen. Vorbild für die christliche Buße für die Schuld an Israel sind die Evangelischen Marienschwestern. Aus solcher Buße wächst neue Hoffnung.

Die Verheißungen verdichten sich im Bild der erneuerten Gottesstadt Jerusalem, der Gottesbraut Zion und Mutter aller Völker (Jes 60ff; Ps 87 u.a.). Jerusalem soll zum Sammelpunkt der geeinten und erlösten Menschheit werden. Welch klaffender Gegensatz zwischen der heutigen Realität, wo Jerusalem immer mehr zum Zankapfel der Nationen und möglicherweise zum Auslöser eines Weltkrieges wird, und dem biblischen Hoffnungsbild der „Stadt des Friedens“! Im Kampf um Jerusalem erreicht die „Theodramatik“ ihren Höhepunkt, siehe die Zionspsalmen 46 und 48 und Sach 12,1ff.

Es ist beeindruckend, mit welcher Konsequenz Jesus darauf drängt, sein Werk in Jerusalem zu vollenden (Lk 9,31.51; 13,33). Jerusalem trägt in sich gewaltige biblische Verheißungen. Jesus besiegelt sie mit seinem Tod, seiner Auferstehung und der pfingstlichen Geistausgießung. In Jerusalem wurde Jesus unwiderruflich erhöht als „König der Juden“ und „Licht zur Erleuchtung der Völker“ (Lk 2,32; 23,38). Wir Christen haben dies in innerer Verbundenheit mit den „Erstgeborenen“ vor aller Welt zu bezeugen.

Damit sich aus dieser Verheißung eine gemeinsame, geschichtswirksame Vision entwickelt, braucht es einen konziliaren Prozess, der bereits seit langem in kleinen Kreisen begonnen hat und nun immer weitere Kreise zieht: in Arbeitsgruppen für jüdisch-christliche Begegnung, in charismati-

12

schen Bewegungen, in Israel-Gebetsgruppen. Neuere geistliche Gemeinschaften wie die „Gemeinschaft der Seligpreisungen", sowie einzelne Pionier-Theologen nehmen sich dieses Anliegens an. Auch die Kirchenleitungen und -synoden haben manche wertvollen Wegweisungen erlassen. Was sich unter dem Geist Gottes entwickelt, verbreitet sich in zahlreichen Büchern, Zeitschriften, Kursen, Kongressen und Internet-Seiten[5]. Wer sucht, der findet! Allerdings gibt es auch Bremser, sowohl im Weltkirchenrat wie im Vatikan. Der Widersacher ist überall am Werk, doch „der Hüter Israels schläft und schlummert nicht" (Ps 121,4).

[1] München 1997 (Claudius). Kardinal Ratzinger empfiehlt dieses Buch als wertvollste Anregung zum weiterführenden Dialog mit dem Judentum.

[2] Dieses Wort, gewöhnlich mit „Verstockung" übersetzt, drückt nicht primär einen böswilligen Widerstand gegen Gott aus, sondern ein Nicht-Begreifen-Können, eine geistige Unbeweglichkeit. Gott selber gilt in der Bibel als Urheber des „Nicht-Glauben-Könnens" des Volkes. Er selber wird diese Unfähigkeit aufheben, „wenn die Heiden in voller Zahl das Heil erlangt haben; dann wird ganz Israel gerettet werden" (Röm 11,25f)."

[3] Sondern zusammen mit ihm als der, der als Messiaskönig und Sohn gemäß Ps 110,1 zu seiner Rechten auf seinem Thron sitzt (Mt 26,64; Apg 2,33; Röm 8,34; Offb 5,13 u.a.).

[4] So der Buchtitel der Geschichte der Palästinenser und der PLO von Lionel van der Meulen, München 1989.

[5] Z.B. das judenchristliche Nachrichtenmagazin: „Israel heute/ Nachrichten aus Israel" Othniel Str. 9, 93503 Jerusalem (www.israelheute.com); sowie das gleichnamige deutsche Blatt „Israel Heute. Christen an der Seite Israels e.V.", Berliner Str. 12, D-34289 Zierenberg, ferner die Webseiten www.israelnetz.de; christliche-freunde-israels.de; zelem.de; chretiens-et-juifs.org.

13. Die entzweiten Gruppen brauchen Heilung

13

Wir betrachteten zwei Ebenen des Nahostkonflikts: die politisch-zeitgeschichtliche und die biblisch-prophetische. Auf beiden Ebenen gibt es diametral entgegen gesetzte Ansichten. Bloß mit Diskussionen über Tatsachen und Glaubenslehren kommt man oft nicht weiter, wenn man nicht die dritte Ebene einbezieht: die psychologische. Seelische Verwundungen können Einzelne und Gruppen so blockieren, dass sie die Realität nur noch gebrochen wahrnehmen können und den andern nur noch als Feind sehen. Es ist die „Blindheit" und „Verstocktheit", von der die Bibel oft redet. Das erfahre auch ich, wenn ich mit andern über die in diesem Buch angesprochenen Themen zu sprechen komme. Rasch wallen Emotionen auf und melden sich Allergien, Aversionen, Blockierungen. Hier ist nicht Recht haben gefragt, sondern Einfühlung.

Die psychologische Ebene des Konfliktes analysiert meisterhaft das Buch des israelischen Psychoanalytikers Ofer Grosbard: „Israel auf der Couch. Zur Psychologie des Nahostkonflikts" (Düsseldorf 2001). Hier stehen nicht Prinzipien (Welche Partei hat Recht?) im Mittelpunkt, sondern der Mensch mit seinen Gefühlen und Ängsten. Durch die Darstellung der unterschiedlichen Gefühlswelten, der verschiedenen jüdischen Gruppen (der westlich-aschkenasischen und der orientalisch-sephardischen) sowie der Araber und Palästinenser und ihrer Verbindung mit bestimmten Parteien (links und rechts) und politischen Standpunkten, werden die Schwierigkeiten und Konflikte viel besser verstehbar. Dies zeigt, dass es zur Konfliktlösung nicht bloß Aufklärung braucht, sondern noch mehr eine Art Psychotherapie, oder christlich ausgedrückt: Versöhnungsarbeit auf Herzensebene.

Welche Rolle spielt dabei die Religion? Der Nahe Osten ist ein Paradebeispiel, wie Religion die Menschen entzweit. Gerade die monotheistischen Religionen (Judentum, Christentum, Islam) kamen durch ihren Absolutheitsanspruch in den Verruf, mehr trennend als verbindend zu wirken. Nach Grosbard „ist die Religion und alles wofür sie steht – absolute Gerechtigkeit, absolute Wahrheit, absoluter Narzissmus, ein einziger wahrer Gott – das Haupthindernis für den Frieden im Nahen Osten" (S.125). Noch viele andere in schlechten Erfahrungen begründete negative Äußerungen gegen die Religion finden sich bei ihm. Er selber bezeichnet sich als säkularen, also nicht orthodox glaubenden Juden. Doch was für ihn spricht: Er mahnt die Säkularen, die positive Bedeutung des biblischen Glaubens wieder wahrzunehmen: „Wir haben uns von unseren Wurzeln entfernt... und haben die Bibel der religiösen Rechten als alleiniges Eigentum überlassen. Enthält denn nicht die Bibel viele Verse, die die Sehnsucht nach Frieden und nach einem neuen Nahen Osten ausdrücken? So wie die Worte beim Propheten Jesaja: »Da werden die Wölfe bei den Lämmern wohnen.« und »Da werden sie ihre Schwerter zu Pflugscharen machen.« Die Bibel ist ein wichtiges Mittel, das einen großen gemeinsamen Nenner und eine tiefe emotionale Identifikation herstellen kann" (S.185). „Dieser Vater, der Gott ist, ist derjenige, der das jüdische Volk während der langen Jahre des Exils am Leben erhalten hat, und er ist derjenige, der es weiterhin beschützen wird, in Israel und anderswo. Man gibt solch eine Sicherheit nicht ohne weiteres auf" (S. 196).

Wo sind die „Psychotherapeuten" oder, christlich ausgedrückt, die barmherzigen Samariter, welche in die Wunden der Verwundeten heilenden Balsam träufeln können? Grosbard kennt offenbar seinen größten Volksgenossen, den Seelenarzt schlechthin, nicht: Jesus von Nazaret. Bei ihm könnte er eine aus den Ursprüngen erneuerte Version der jüdischen Religion kennen lernen, die nicht trennt, sondern verbindet. Wie Jesus postuliert Grosbard, „dass der Hass durch Liebe ersetzt wird, denn der Identifikationsprozess erfolgt durch Liebe" (S. 223). Wer könnte besser zwischen den muslimischen Palästinensern und den jüdischen Israeli vermitteln als Christen, die vom Geist der Bergpredigt Jesu geleitet sind? Die folgenden Beispiele dafür möchten uns zum eigenen Tun ermutigen.

14. Unser wirksamster Beitrag: Pioniergruppen fördern

14

Was können wir praktisch zum Frieden im „Heiligen Land" beitragen? Wichtig ist Aufklärungsarbeit, um den wachsenden Antisemitismus durch besseres Wissen zu überwinden. Die vorausgehende Darstellung gibt reichlich Grundlagen zum klaren Sehen und Urteilen. Gelegentlich sind auch Solidaritätskundgebungen und Interventionen gegen Unrecht und kontraproduktive Maßnahmen vonseiten Israels angezeigt, z.B. gegen undifferenzierte Grenzschließungen und Visa-Verweigerung für christliche Studenten, wodurch sich Israel zu seinem Schaden von seinen (potentiellen) Freunden isoliert.

Am wirksamsten ist jedoch die Unterstützung jener Gruppen im Land, die sich für Versöhnung und Frieden in Gerechtigkeit einsetzen. Um Brückenbauer zu sein, dürfen wir uns nicht einseitig mit einer Gruppe solidarisieren. Der christliche Glaube verpflichtet uns zu einer differenzierten Solidarität mit allen Gruppen. Wie bereits gesagt sind die palästinensischen Muslime stark durch die Unterstützung durch den Weltislam. Die jüdischen Israeli können sich nur halten dank der Unterstützung durch das Weltjudentum (vor allem in Amerika). Doch damit die palästinensischen Christen ihren Auftrag im Land als Brückenbauer besser ausüben können und nicht auswandern müssen, brauchen sie eine stärkere Solidarität mit uns westlichen Christen. Nicht weniger wichtig ist unsere christliche Solidarität mit den Juden als den „älteren Brüdern", die von Gott ein besonderes Mandat für dieses Land haben, besonders mit den „messianischen Juden", die zwischen den Fronten einen schweren Stand haben. Für letztere gibt es etliche Solidaritätswerke, die uns mit ihren Rundbriefen auf dem laufenden halten.[1] Die Solidarität mit den Juden und Christen im Heiligen Land darf aber nicht gegen die muslimischen Palästinenser gerichtet sein, denen wir das Zeugnis der Liebe Christi schulden.

Was diese verschiedenartigen und scheinbar sich widersprechenden Solidaritäten zusammenhält, ist die bereits angesprochene biblische Vision vom „neuen Jerusalem", in dem alle Völker unter dem Gott Jakobs und „unseres Herrn Jesus Christus" und unter dem „Vorsitz" des Volkes Israel ihre Heimat finden. Die im Folgenden dargestellten Pioniergruppen zeigen, wie sich dieses Leitbild schon heute im kleinen verwirklichen lässt.

Da ist die kulturverbindende Siedlung **Neve Shalom** (Oase des Friedens) bei Latrun, 1972 gegründet vom Dominikanerpater Bruno Hussar, ein Sohn ungläubiger ägyptischer Juden. Hier leben Juden, Moslems und Christen modellhaft zusammen und bieten Seminare für jüdisch-palästinensische Begegnung an.[2].

Da ist ferner das Juden und Araber verbindende Wirken des griechisch-katholischen Priesters **Elias Chacour**, als Friedenspionier bekannt durch seine Bücher[3] und seine Schule in Ibillin (Obergaliläa), die sich neulich zur Universität entwickelt hat. Dort dozieren auch Juden und Moslems.

Ein leuchtendes Zeichen christlicher Solidarität mit Israel ist die **Internationale Christliche Botschaft in Jerusalem** mit Zweigstellen in aller Welt. 1980 erklärte das israelische Parlament Jerusalem zur ungeteilten, ewigen Hauptstadt des Staates Israel. Die meisten Staaten verdammten diesen Schritt und verlegten auf Empfehlung der UNO ihre Botschaften von Jerusalem nach Tel Aviv. Als christliche Antwort gründeten Christen aus 32 Ländern, die gerade gemäß Sach 14,16 zum Laubhüttenfest in Jerusalem waren, die genannte Christliche Botschaft als Zeichen christlicher Solidarität mit Israel gegenüber dem wachsenden Antijudaismus. Sie folgen dem Ruf Gottes: „Tröstet, tröstet mein Volk!" (Jes 40,1). Jährlich organisiert diese „Botschaft" das christliche Laubhüttenfest mit Tausenden von Teilnehmern aus aller Welt. Palästinensische Christen stoßen sich an diesem Werk, da es für sie zu einseitig prozionistisch ist. Dennoch übt es einen wichtigen Auftrag aus.

Tatsächlich neigen nichtkatholische Israelfreunde dazu, die Nöte der Palästinenser zu übersehen. Zum Ausgleich müssen Katholiken sich besonders der palästinensischen Christen, mit denen sie kirchengeschichtlich näher verwandt sind, annehmen und sie ermutigen, Brückenbauer zu sein zwischen Juden und Moslems. Es ist ein Zeichen der Echtheit, dass die messianischen Juden sich gerne mit arabischen Christen verbinden. Doch diese brauchen meist ein starkes Umdenken, um die Berufung der Juden anzuerkennen. Palästinensische Christen, welche die Juden um ihrer Berufung willen lieben, müssen mit der Ächtung durch ihre Glaubensbrüder rechnen.

Wichtig ist der interreligiöse „Trialog" zwischen Juden, Christen und Moslems, doch ist es schwer, gesprächsbereite Moslems zu finden. Immer wieder erfahren Juden und Christen, dass sie mit Moslems nicht auf derselben Ebene reden können. Ein positives Beispiel ist die **Israel Interfaith Association**, die das auf deutsch von Michael Krupp redigierte Heft „Religionen in Israel" herausgibt.[4]

Als Gegengewicht gegen eine einseitige „prozionistische" Bevorzugung durch gewisse Israelfreunde seien im Folgenden einige palästinensische Pioniere und ihre Werke vorgestellt und zur Unterstützung empfohlen.

14.1. Salim Munayer und die Musalaha

14

Das arabische Wort Musalaha bedeutet Versöhnung und wurde zum Namen eines Versöhnungsdienstes palästinensischer Christen und messianischer Juden. Gründer ist Salim Munayer aus einer griechisch-orthodoxen palästinensischen Familie aus Lod. Zu einer bewussten Jesusbeziehung fand er durch eine jüdisch-arabische Bibelgruppe. Als 22-jähriger legte er sein Leben in Gottes Hand. Nach seiner theologischen Ausbildung in Kalifornien kehrte er 1985 nach Israel zurück und unterrichtete am Bethlehem Bible College, an dem die meisten Studenten Araber sind. Gleichzeitig übernahm er einen Lehrauftrag in einem jüdisch-christlichen Bibelseminar und entwickelte auf hebräisch für israelische Gläubige Jüngerschafts- und Leiterkurse. 1990 gründete er mit seiner Frau den „Musalaha"-Versöhnungsdienst.

Musalaha führt Begegnungen zwischen arabischen und jüdischen Gläubigen durch. Im Juni 1995 waren jüdisch-israelische und palästinensische Gläubige in Jordanien zu einem Treffen mit arabischen Pastoren und ihren Familien eingeladen. Die Herzlichkeit der Gastfreundschaft und die Tiefe der Begegnung übertrafen alle Erwartungen. Offen sprach man auch über die sehr schwierigen Fragen zur politischen Situation. Selbst der moslemische Reiseleiter vergoss Tränen beim Abschied. Frieden im Herrn wurde sichtbar. – Was Musalaha ist, zeigen uns am unmittelbarsten die Erfahrungsberichte aus einem von Freunden der Bewegung herausgegebenen Taschenbuch[5].

14.2. Kamil Shehade und das „Haus Gnade" in Haifa

Er war echter Christ, arabischer Palästinenser und loyaler israelischer Staatsbürger. Mit seiner Schweizer Frau Agnes gründete er als Sozialarbeiter in Haifa das Sozialzentrum „Haus Gnade", um vielfältige Not sachgerecht zu lindern. Auch jüdische Praktikanten lernten bei ihm. Er machte mit in verschiedenen Menschenrechts- und Friedensgruppen, u.a. der vom Rabbiner Jeremy Milgrom gegründeten Vereinigung „Clergy for Peace". Als Anerkennung verlieh Staatspräsident Chaim Herzog 1990 dem Ehepaar eine hohe Auszeichnung. Im selben Jahr ernannte der Bürgermeister von Haifa Agnes zur „Frau des Jahres", was zeigt, wie Christen Brücken bauen können. Den vielen Besuchern des Werkes hat sich der an Pfingsten 2000 verstorbene Kamil eingeprägt als vom Geist der Bergpredigt Erfüllter, dem der Dienst an den „lebendigen Bausteinen" (1. Petr 2,5) wichtiger war als das Besuchen der archäologischen Stätten. Das Werk sei weiter zur Unterstützung empfohlen.[6]

14

14.3. Pastor Jadallah Shihadeh und das Abrahamshospiz

Der palästinensische lutherisch-evangelische Pastor Jadallah Shihadeh in Beit Jala bei Bethlehem hat einen besonders schweren Stand, da sein Dorf durch die Al-Aksa-Intifada und das Eindringen der Tanzim-Terroristen besonders hart mitgenommen wurde (zerstörte Häuser, Tote). Diese Angriffe richteten sich nicht nur gegen die Juden, sondern auch gegen die Christen, von denen viele auswanderten. Pastor Shihadeh gehört zur Minderheit palästinensischer Geistlicher, welche von der Bibel her den Plan Gottes mit Israel anerkennen und liebevolle Beziehungen mit Juden suchen, obwohl seine Familie die Einwanderung der Juden als „nakba", als Katastrophe für sein Volk, erlebt hat. Er arbeitet an der Versöhnung zwischen Juden, Christen und Moslems. „Wir müssen unseren beiden Völkern, Palästinensern wie Juden, die Chance geben, sich kennen zu lernen. Wir bauen Brücken. Wir leben zusammen in diesem Land und haben zu überlegen, wie wir gemeinsam darin unsere Zukunft gestalten." Zur Begegnung der Völker gründete er ein „Abrahamshospiz". Allerdings wird durch die Abriegelung der Palästinensergebiete der Zugang für Juden praktisch unmöglich, aber auch der Zugang der einheimischen Männer zu den Arbeitsstellen in Israel, was Not und Armut bedeutet. Ein Heim für sozial geschädigte Kinder und Jugendliche, Muslime und Christen, ist ein Zeichen christlicher Versöhnung und Liebe. Der Pastor hält am biblischen Grundsatz fest: „Wer Israel segnet, wird selber gesegnet" (vgl. Gen 12,3). Er formuliert es so: „Es gibt keinen Segen für Palästina ohne Segen für Israel und keinen Segen für Israel ohne Segen für Palästina. Das Glück des einen Volkes hängt vom Glück des anderen Volkes ab" (vgl Jer 29,7). Das bedeutet: Erst wenn die Palästinenser loyal zu Israel stehen und zu seinem Gedeihen mitwirken, können sie selber Frieden und Segen erlangen. Shihadeh weiß, dass die arabischen Antizionisten nicht weniger schuld am Unglück sind als die Zionisten, und lehnt das „ewige Rühren in der Vergangenheit" des arabisch-israelischen Konfliktes ab. Er sieht in manchen Entwürfen palästinensischer Theologen den alten christlichen Antijudaismus wiederaufleben. Entschieden lehnt er die dahinter steckende „Enterbungstheologie" ab. Ich besuchte ihn mit meiner Pilgergruppe kurz vor der Intifada. Alle waren tief beeindruckt. Das Werk verdient unsere Unterstützung.[7]

14.4. Emil Shoufani, der Pfarrer von Nazaret[8]

Auch er hat als Kind, 1947 in Galiläa geboren, die nakba, die Vertreibung durch die einmarschierenden israelischen Soldaten miterlebt, doch dank der starken Verwurzelung in der christlichen Familienkultur führte das nicht zum Hass, sondern zur Leidenschaft, Brücken zu bauen und Wunden zu heilen. In Paris vielseitig gebildet, wurde er Priester in der griechisch-katholischen Kirche, Landpfarrer in zwei kleinen galiläischen Gemeinden, Schulleiter der Zentralschule in Nazaret, welche auf das Universitätsstudium vorbereitet, und dazu noch ab 1993 Pfarrer der dortigen Pfarrgemeinde. Er hat eine tiefe Beziehung gefunden zur Geschichte und zu den Leiden des jüdischen Volkes, was er seinen Schülern u.a. mit einem Besuch in Yad waSchem (Holocaustgedenkstätte in Jerusalem) zu vermitteln sucht. Als Mann des Brückenschlags verstand er es schon als Dorfpfarrer, Moslems und Christen zusammenzubringen. An der von ihm geleiteten Josefsschule gehört die Kontaktpflege mit jüdischen Kameraden in Austauschfamilien zum Programm. Dadurch werden Berührungsängste und Vorurteile abgebaut und sogar Freundschaften angebahnt. Oft hat er sich zu wehren gegen die israelischen Behörden, welche die arabische Bevölkerung zurückdrängen und klein halten möchten. Obwohl er loyal zum Staat steht und den Terrorismus ablehnt, muss er ständig um die Rechte und Gleichberechtigung der arabischen Mitbürger kämpfen. Er setzt sich ein für die Erziehung zur staatsbürgerlichen Mitverantwortung und zur Öffnung für die Werte der modernen Gesellschaft, ohne die Seele der arabischen Kultur zu verlieren. Gegen den Einwand, die Araber hätten kein Recht auf Gleichberechtigung, weil sie keinen Militärdienst leisten, erwidert er, die Araber wären bereit zu einem entsprechenden Zivildienst; er wäre auch für das Mitmachen in der Armee, wenn sich diese als reine Verteidigungsarmee und nicht als Besatzungsmacht betätigen würde.

Er sieht sich als arabischen Patriot, für den die arabische Volkskultur ein zu erhaltender kostbarer Wert ist, aber lehnt es ab, Nationalist zu sein, denn zum Nationalismus gehört die Abwertung der andern Kulturen. Israel ist für ihn ein Vorbild für das Integrieren verschiedener Kulturen. Er fühlt sich verbunden mit den Palästinensern der „Gebiete“, aber lehnt die Gewalt und eine marxistisch angehauchte Befreiungstheologie ab. Er weiß gut um die privilegierte Stellung der israelischen Araber (mit Presse- und Meinungsfreiheit und relativem Wohlstand) gegenüber jenen in den besetzten Gebieten. Er kritisiert im Staat Israel die Vorherrschaftsbestrebungen der jüdischen Orthodoxie und wünscht sich sowohl für Israel wie für den Palästinenserstaat einen liberalen Rechtsstaat, wo alle Kulturen und Religionen gleichberechtigt und demokratisch miteinander leben können.

Shoufani hat eine unwiderstehliche Ausstrahlung. Auf die Frage, mit welcher Methode er den großen Erfolg seiner Schule erreiche, antwortet er: „Meine Methode ist das Evangelium!“ Im „Pfarrer von Nazaret“ wirkt auf urwüchsige Art der Geist Jesu, der die gewohnten Grenzen sprengt und Neues wagt. Das ist eine heilsame Herausforderung für seine Volksgenossen und bringt ihm manche wertvolle Freundschaften mit jüdischen Kollegen.

Viele hatten ihn als Bischof vorgeschlagen. Doch anscheinend ist die Kirchenleitung noch nicht reif für solche Pioniere.

Im Mai 2003 trat Shoufani ans Licht der Weltöffentlichkeit mit seiner Initiative, Palästinenser zusammen mit Juden nach Auschwitz zu führen, um durch das Nacherleben der traumatisierenden Vergangenheit das Verständnis füreinander zu wecken. Er bekam dafür den Preis der UNESCO für Friedenserziehung.

14.5. Elias Jabbour und das „Haus der Hoffnung"

Im Jahr 1978 gründete der palästinensische Christ Elias Jabbour (*1935) das „Haus der Hoffnung", das mittlerweile zu einem bekannten internationalen Friedenszentrum wurde. Es steht in Schefa Amer (hebr. Schefar›Am) in Galiläa, zwischen Haifa und Nazaret. Ich zitiere aus seiner eigenen Darstellung.[9]

> „Die acht Kriege (vom Zweiten Weltkrieg bis zum Golfkrieg), die ich hautnah miterlebt habe, demonstrierten mir erschreckend den Wahnsinn des Krieges. Inmitten dieser Kriege wurde ich um meine Kindheit und Jugendzeit betrogen. Ich rechnete aus, was man mit den Billionen von Dollars, die man für Kriege, zum Töten und Zerstören, verschleudert hat, alles Gutes hätte tun können. Wie viel Not der Armen in allen Kontinenten hätte man beheben können. Jahrtausende brauchte es, um unsere Kultur zu entwickeln. In ein paar Stunden ist alles in Trümmer geschlagen. Das viele unschuldige Blut, das in den letzten fünfzig Jahren die Erde des „Heiligen Landes" getränkt hat, ließ mich erschauern. Um eine Alternative zum Krieg zu entwickeln, gründete ich das Haus der Hoffnung. Dort formulierten wir folgende Alternativen:
>
> **Worte statt Kugeln**
> **Diskussion statt Kampf**
> **Verhandeln statt Schießen**
> **Zusammenarbeit statt Zank**
> **Begegnungsort statt Schlachtfeld**
>
> Wir kennen die Gewaltspirale: Gewalttätigkeit führt zu noch mehr Gewalttätigkeit, Krieg zu noch mehr Krieg, Extremismus zu noch mehr Extremismus. Wir könnten dieses wunderbare Land in ein Paradies verwandeln, doch sind wir im Gegenteil dran, es zur Hölle zu machen. Fast jedes Land hat eine „Kriegsakademie", um noch raffinierter Krieg führen zu können. Statt dessen bräuchten wir „Friedensakademien", um zu lernen, aufeinander friedlich zuzugehen. Der Teufelskreis der Gewalt muss unbedingt gebrochen werden. Wenn zwei Gruppen in einem Land wohnen, weil sie kein anderes Land haben, warum teilen sie es nicht

anstatt es zu zerstören? Im Zusammenhang mit der Intifada wurde es mir deutlich: Frieden gibt es nicht ohne Gerechtigkeit, Gleichheit, Selbstbestimmung und internationale Anerkennung. Doch dies lässt sich nicht mit Gewalt erreichen, sondern nur durch geduldiges Verhandeln.

So wie die Berliner Mauer gefallen ist, muss die psychologische Mauer, die Juden und Araber trennt, fallen. Damit dies keine bloße Theorie bleibt, begannen wir unter unserem Dach Leute aus verschiedenem politischem und nationalem Hintergrund zu sammeln: Araber, Juden, Christen, Katholiken, Protestanten, Moslems, Drusen, Amerikaner, Deutsche, Afrikaner und viele andere. Alle diskutierten und teilten miteinander ihre Probleme in familiärer Atmosphäre. Manche kamen mit der Angst, dass ihnen etwas Schlimmes passieren würde, und waren über den herzlichen Empfang überrascht. Viele hatten nicht geglaubt, dass man unter verfeindeten Gruppen so offen miteinander reden kann und gegenseitig Verständnis findet. Viele bedauerten, nicht schon früher miteinander gesprochen und dadurch die stereotypen Vorurteile überwunden zu haben. Ignoranz ist unser Feind und die Ursache vieler Probleme. Sich gegenseitig nicht kennen ist die Wurzel unserer übertriebenen Ängste. Wie können wir uns gegenseitig verstehen, wenn wir nicht die Wahrheit übereinander kennen? Und wie können wir die Wahrheit übereinander kennen, wenn wir nicht zusammenkommen und unsere verschiedenen Ansichten miteinander austauschen und bedenken? Eine Hauptursache unseres ständigen Konflikts ist der Mangel an gegenseitigem Vertrauen. Wir leiden an einer ernstlichen Vertrauenskrise. Wenn wir schon Kriege riskieren, warum sollten wir nicht das Risiko, uns gegenseitig zu vertrauen, auf uns nehmen? Im Haus der Hoffnung lernt man Gesprächskultur. Gewöhnlich fehlt uns die Geduld, auf den anderen zu hören. Wir halten sofort als Besserwisser eine Erwiderung bereit und blockieren dadurch den anderen. Unser Team hilft beiden Parteien, aufeinander zu hören und den Kern des Problems besser zu verstehen. Wir bemühen uns in diesen Gesprächen, den „Feind“ als Menschen ernst zu nehmen statt ihn zu verteufeln. Beide haben Familien, beide möchten in sicheren Grenzen leben. Beide haben ein Recht, in ihrer Tradition und ihrem frei gewählten kulturellen und sozialen Milieu zu leben.

In den ersten Stunden unserer Friedenstreffen ist das Gespräch jeweils emotionell geladen. Man muss seine Aggressionen loswerden und wirft der anderen Seite die Schuld am Unglück vor. Wenn man dann seinen inneren Druck losgeworden ist, kann die befreiende Erkenntnis aufkommen, dass wir im Grund alle Menschen sind, Glieder derselben Menschheitsfamilie. Wir versuchen nicht, den andern zur eigenen Auffassung zu bekehren, sondern lernen, die Verschiedenheit der Überzeugungen als Bereicherung zu sehen und uns daran zu freuen. Wir erstreben eine freundschaftliche Atmosphäre, denn Hass zerstört unsere Lebensfreude und frisst uns auf. In den vielen Jahren unseres Dienstes sahen wir viel befreites Lächeln auf den Gesichtern aufsteigen und manche Freudentränen. Wir halten uns an das Sprichwort: Es ist besser, eine Kerze anzuzünden als über die Finsternis zu schimpfen.

Friedenstiften ist nicht leicht. Wer wie ich mitten drin steht, wird zwischen den verschiedenen Identitäten hin- und hergerissen. Ich selber trage vier Identitäten: Christ, Araber, Palästinenser und Israeli. Ich habe mein ganzes Leben mit Juden zusammen gelebt, was mir hilft, sie zu verstehen. Andererseits fühle ich die Nöte meiner palästinensischen Brüder und Schwestern. So lebe ich mit zwei Loyalitäten. Doch an der Spitze dieser Loyalitäten steht die Loyalität (Treue) zu meinem Herrn und seinen Lehren, wofür ich lebe. Er ruft mich, ihm auf dem Weg des Friedens und der Liebe nachzufolgen, und ich gehorche ihm. Inmitten der Kämpfe werde ich wie auseinander gerissen. Ich trage die Nöte der Juden und der Araber in meinem Herzen. Ich dachte früher nicht, wie schwer dieses Kreuz ist, bis ich versuchte, es zu tragen und dem Meister zu folgen. Erst so begann ich, seine Pein, seine Tränen und sein Stöhnen zu verstehen, als er über die steinige Via Dolorosa wankte.

Mein letztes Ziel ist, ein (noch größeres) Friedenszentrum zu bauen auf der Spitze eines der galiläischen Hügel, auf denen Jesus die Botschaft von Frieden und Liebe zuerst verkündet hat. Es ist meine höchste Christenpflicht, dieses Leuchtzeichen auf die Spitze des Berges zu stellen. Ich weiß mich gedrängt, dass dieses Lichthaus die Friedensbotschaft aus dem Land des Friedens zu allen Völkern weiterstrahlt. Ich träume von jüdischen Kindern, die zusammen mit arabischen Kindern auf diesem Berg miteinander spielen als Symbol dafür, dass es für beide Völker möglich ist, miteinander zu leben. – Überall auf der Welt finden sich ähnliche Konflikte. So könnte das Haus der Hoffnung für viele ein Symbol und Modell für die Friedensbemühungen sein.

Früher lebten wir, Araber und Juden, friedlich miteinander. Die Brüder von gestern wurden zu Feinden von heute. Sie können wieder zu Brüdern werden, wenn wir es entschieden wollen. Das Blutvergießen muss beendet werden durch die Versöhnung von Mensch zu Mensch und der Menschen mit Gott. Dazu braucht es einen weiten Weg, denn viele geschichtliche Wunden müssen geheilt werden.

Der israelisch-palästinensische Konflikt wurzelt in der Frage: Wem gehört das Land? Beide Völker beanspruchen es für sich aufgrund von geschichtlichen und religiösen Rechten. Die Nachkommen des alten

Volkes Abrahams beanspruchen heute, in das verheißene Land zurückzukehren. Man könnte nichts gegen diesen Anspruch einwenden, wenn es nicht ein anderes Volk gäbe, das seit biblischen Zeiten in diesem Lande lebt. Somit ist die einzige logische und praktische Lösung des israelisch-palästinensischen Problems, das Land miteinander zu teilen statt es zu zerstören und gegenseitig das Recht auf Selbstbestimmung anzuerkennen. – Unsere Aufgabe im Haus der Hoffnung ist, die Hoffnung in den Herzen wach zu halten und weiterhin auf das Lichtlein am Ende des Tunnels zu schauen. Dank der Hoffnung ist die Zeit auf unserer Seite."

14.6. Marcel Rebiai und die „Gemeinschaft der Versöhnung"

Marcel Rebiai ist nicht Palästinenser, sondern Araber aus Nordafrika, streng moslemisch erzogen, wozu die Einimpfung der antijüdischen und antichristlichen Einstellung gehörte (Marcel ist nicht sein ursprünglicher muslimischer Vorname). Zur Therapie von einer schweren Krankheit und Abhängigkeit kam er in die Schweiz. Hier fand er durch eine lebendige christliche Gemeinschaft den Glauben an Jesus, wurde Lehrer und studierte nebenbei Theologie und Islamkunde. Aus eigener Erfahrung erkannte er die große Not des Islam und gründete eine Gemeinschaft zum christlichen Zeugnis unter Arabern im Sinn der „Freundschaftsevangelisation". 1988 eröffnete er eine Niederlassung in Ägypten, 1990 eine Niederlassung in einem Moslemquartier in Marseille. 1993 gründete er Niederlassungen in Jerusalem zum christlichen Zeugnis unter Moslems und Juden. 1994 wird Jerusalem zur Basis der Gesamtarbeit und zum Ausbildungszentrum für die wachsende Mitarbeiterschaft, mehrheitlich Schweizer. Von der Bibel her erkannten sie die Wichtigkeit des Brückenbaus zwischen Juden und Christen und insbesondere zwischen moslemischen Arabern und Juden. Sie erstreben die Versöhnung zwischen „Israel und Ismael". Sie pflegen freundschaftliche Beziehungen sowohl mit Moslems wie mit Juden und kennen deren Auffassungen von innen. In Israel vertiefen sich die Beziehungen zwischen jüdischen und arabischen Christen und Christengemeinden.

Die Gemeinschaft heißt COR = Community of Reconciliation = Gemeinschaft der Versöhnung. Ein Rundbrief verbindet die Freunde. Das Sekretariat ist in 8625 Gossau ZH (Postf. 77).

Seine tiefe Kenntnis der islamischen Welt und Ideologie, sowie des Judentums und der Bibel, wie auch seine Erfahrungen als Leiter der Gemeinschaft in Jerusalem, befähigen ihn zu einem kompetenten Urteil über die Hintergründe des Nahostgeschehens.[10] Ihm kann man als Araber nicht vorwerfen, er sei zu kurzsichtig für die Juden und die Zionisten eingenommen und würde die Not der Palästinenser zu wenig ernst nehmen. Doch dank seinem biblischen Horizont sieht er weiter als viele kurzsichtigen Theologen mit ihrer einseitig antiisraelischen Einstellung, welche die tiefere Dimension des Konfliktes nicht realisieren.

Es lohnt sich, weiter nachzudenken über Rebiai`s Begriff der „Freundschaftsevangelisation". Rebiai weiß, dass eine frontale Evangelisation gegenüber Moslems (und Juden) meist eher zum Widerspruch reizen würde und auch nicht dem Geist des Evangeliums entspricht. Falsch wäre es, den Islam im Geist der Kreuzzüge bekämpfen zu wollen. Die Islam-Ideologie lässt sich nicht mit Argumenten überwinden. Dies würde nur die kampfgeübten Moslems zu Gegenargumenten reizen. Islamisten werden durch Angriffe nur bestärkt. Die einzig wirksame Antwort ist, den Gott der Liebe, wie ihn Jesus geoffenbart hat, auf freundschaftlich-entwaffnende Art zu bezeugen. Damit knüpft man bei einem tiefen Bedürfnis der Moslems an: Sie leiden unter der Angst der Beziehungslosigkeit, auch wenn sie im Gehäuse ihres Religionssystems eine vordergründige Sicherheit gefunden haben. Sie sollen erfahren, dass Gott sie bedingungslos liebt. Freilich gilt dies auch gegenüber den Juden. Sie sollen erfahren: „Mit ewiger Liebe habe ich dich geliebt, darum habe ich dir so lange meine Treue bewahrt" (Jer 31,3). „Freundschaftsevangelisation" bezweckt nicht Proselytenmacherei, sondern will selbstlos die Erfahrung weitergeben, die Jesus seinen Jüngern beim Abschiedsmahl vermittelte, als er sagte: „Wie mich der Vater geliebt hat, so habe auch ich euch geliebt... Liebt einander, so wie ich euch geliebt habe. Es gibt keine größere Liebe, als wenn einer sein Leben für seine Freunde hingibt... Ich nenne euch nicht mehr Knechte, sondern Freunde; denn ich habe euch alles mitgeteilt, was ich von meinem Vater gehört habe" (Joh 15,9ff).

Über die Abenteuer dieser Freundschaftsevangelisation berichten die Rundbriefe der Gemeinschaft.

[1] Ich empfehle den Rundbrief „Fürbitte für Israel e.V." von Eckhard Maier, Beethovenstr. 19, D-76307 Karlsbad. Darin werden Anliegen und Informationen von messianischen Gemeinden in Israel weitergegeben. Ferner die Veröffentlichungen des Jerusalemer messianischen Gemeindeleiters Benjamin Berger, herausgegeben von Robert Währer im Echad-Verlag, Postfach, CH-3367 Thörigen. Eine hoffnungsvolle Solidaritätsbewegung zwischen messianischen Gemeindeleitern und Vertretern von christlichen Denominationen ist mit den Konsultationen von TJC-II („Dem zweiten Jerusalemkonzil entgegen") in Gang gekommen. Darüber informiert der Autor oder tikvah@aon.at.

[2] Darüber orientiert sein Büchlein „Ein Weg der Versöhnung. Juden, Christen und Moslems in Israel", Mainz 1988.

[3] „Und dennoch sind wir Brüder! Frieden für Palästina" (1988); „Auch uns gehört das Land. Ein israelitischer Palästinenser kämpft für Frieden und Gerechtigkeit" (1994), beides im Knecht-Verlag Frankfurt.

[4] Post-Adresse: The Interfaith Association, P.O.B. 7739 Jerusalem/Israel

[5] Salim I. Munayer, David Katz, Benjamin Berger u.a.: „Auf den Spuren Abrahams. Juden und Palästinenser versöhnen sich*, Hamburg 1994 (GGE-Verlag). – In der Schweiz und in Deutschland ist die Kontaktstelle zu Musalaha die „Arbeitsstelle für das messianische Zeugnis an Israel (amzi), Postfach, Ch-4153 Reinach / Hauinger Str. 6, D-79541 Lörrach.

[6] Schweizer Kontaktstelle: Pfr. Thomas Bieger, Postf. 9665, 8036 Zürich, PC-Konto 60-26506-8 (Thomas Bieger/Haus Gnade)

[7] Spenden am besten über die Jesus-Bruderschaft von Gnadenthal. Konto-Nr. 90 400 30 71 bei Kreditgenossenschaft Frankfurt (BLZ 500 605 00)

[8] Siehe Kap.4, Note 2

[9] Aus „Holy Land", Spring 1995 (Jerusalem, Franciscan Custody), S. 3-12.

[10] Siehe sein Bericht: „Der Nahost-Konflikt aus aktueller, historischer und geistlicher Sicht".In der Ausgabe vom November 2000 des genannten Rundbriefes. Sonderdruck bei mir.

15. Franziskus – Vorbild der Freundschaftsevangelisation

15

Eindrückliches Vorbild für „Freundschaftsevangelisation" unter Moslems ist **Franz von Assisi.** Ich widme ihm diesen Abschnitt, weil ich selber Franziskaner (vom Zweig der Kapuziner) bin. Franziskus setzte während des Kreuzzugs 1219 unter göttlicher Eingebung ein kühnes evangelisches Zeichen gegen die Kreuzzugsmentalität, indem er sich ohne Waffen als „Herold des großen Königs" zum Lager des Sultans vorwagte und durch seine flammende, demütige Liebe das Herz des Sultans gewann[1]. Als Missionsauftrag erkannte er aus dem Evangelium und aus 1. Petr 2,12ff, **die Brüder sollten „klug wie die Schlangen und einfältig wie die Tauben", demütig und geisterfüllt (spiritualiter) unter den Ungläubigen leben und ihnen das Beispiel dienender Liebe geben, „damit sie, die euch jetzt als Übeltäter verleumden, durch eure guten Taten zur Einsicht kommen und Gott preisen am Tag der Heimsuchung." Sie sollen „weder Zank noch Streit beginnen, sondern um Gottes Willen jeder menschlichen Kreatur untertan (1. Petr 2,13)" sein. Also keine provozierende Mission von oben herab, sondern demütiger Dienst als „Mindere Brüder". Erst „wenn sie sehen, dass es dem Herrn gefällt (d.h. wenn der Boden durch die bezeugte Liebe aufnahmebereit ist), sollen sie das Wort Gottes verkünden: Sie sollen glauben an den allmächtigen Gott, den Vater und den Sohn und den Heiligen Geist..."**[2]

Mit dieser Haltung zog Franziskus von Ägypten unter dem Schutz des Sultans ins Heilige Land, wo bereits Minderbrüder die „evangelische Alternative" lebten. Bis heute sind die Franziskaner die Hüter der meisten Heiligen Stätten im Land. Für Franziskus waren die Moslems nicht Feinde, sondern geliebte Brüder, denen er in Ehrfurcht begegnete und deren Frömmigkeit ihn beeindruckte.

Gewiss ist diese Haltung auch wegweisend für unsere Beziehung zu den Juden. – Betreffend Islammission schreibt zu Recht ein Islamkenner: „Wer Mission unter Moslems treiben will, muss zuerst die arabischen Kirchen evangelisieren." Und ein ehemaliger arabischer Moslem: „Wenn alle Christen Christen wären, gäbe es heute keinen Islam mehr".[3]

[1] Zum Thema Franziskus und Islam siehe: Jan Hoeberichts: „Feuerwandler. Franziskus und der Islam", Werl 2001.

[2] Nicht bullierte Regel der Minderen Brüder, 16. Kap.

[3] E. Schrupp, Israel und das Reich des Islam, S.136.

16. „Das Zionsprojekt – Juden und Christen, gemeinsam berufen zum Aufbau der völkerverbindenden Gottesstadt“

16

So lautet der Titel meines unveröffentlichten Buchentwurfs, in dem das Anliegen dieser Broschüre ausführlicher entfaltet ist. Zion ist der dramatische Mittelpunkt der Welt- und Heilsgeschichte. Hier, in Jerusalem, erreicht der Kampf zwischen der Gottesherrschaft und deren Widersachern den Höhepunkt. Hier werden einmal alle Völker den Frieden finden. Gott ruft uns auf, als Christen mitzubauen an diesem seinem „Zionsprojekt“, in versöhnter Einheit mit dem ersterwählten jüdischen Gottesvolk, das er durch alle Wirren hindurch wieder durch „Zionismus“ auf „Zion“ zusammenführt und für seine endzeitliche Aufgabe vorbereitet.

Freilich ist es letztlich Gott selber, der das neue Jerusalem baut; ohne ihn „bauen die Bauleute umsonst“ (Ps 127,1; 51,20; 147,2; Offb 21,2). Doch will er es nicht ohne uns tun. Wir sind eingeladen, mitzubauen, die Mauern auszubessern und zu bewachen, die Stadt mit „den gerechten Taten der Heiligen“ und den „Schätzen der Völker“ zu schmücken (Neh 2,17; Jes 60,5; 62,6; Offb 19,8; 21,26).

Auf dem Berg Zion wird „der Herr der Heere“ allen Völkern ein Festmahl bereiten und die blind machende Hülle vor ihren Augen zerreißen (Jes 25,6f). Die vorausgehenden Seiten dokumentierten viel Blindheit: Viele Christen, nicht nur arabische, sind blind für das „Geheimnis Israels“ und den Plan Gottes mit seinem Volk; blind auch für die Widersacherrolle des Islam, kurzsichtig, weil sie sich durch das Vordergründige verführen lassen und es mangels Überblick missdeuten. Viele christliche Schriftausleger sind blind für den Gegenwartsbezug der biblischen Prophetie. Die israelische Regierung ist vielfach blind für die Strategie des „Feindes“ und für das, „was dir Frieden bringt“ (Lk 19,42). Viele sind „mit einem Auge blind“ und sehen nur die Fehler auf der einen Seite. Auch die Medien sind oft blind für die Hintergründe des Nahostgeschehens. Jesus wird dargestellt als „Licht zur Ent-hüllung (apo-kalypsis) der Völker“ (Lk 2,32), d.h. als jener, der die blind machende Hülle entfernt (vgl. Lk 24,16.25f.31; 1. Kor 3,14). Mögen diese Seiten helfen, die Augen (weiter) zu öffnen.

Mit hoffnungsvollen Erwartungen sind viele ins neue Jahrtausend eingetreten. Die Serie der Katastrophen und Terrorangriffe haben diese Hoffnung erschüttert. Das fordert uns Christen heraus, erst recht unsere Hoffnung auf den Gott der Bibel zu setzen, welcher durch alle Wirren hindurch den Sieg seiner Friedensherrschaft anbahnt und uns anleitet, die „Zeichen der

Zeit“ zu verstehen und die Waffen des Glaubens zu ergreifen (Eph 6,10ff). Das Land der Bibel mit Jerusalem als geistlichem Mittelpunkt, das Spannungsfeld der drei sich auf Abraham berufenden monotheistischen Religionen, ist unser wichtigstes Einsatzgebiet.

Jeder Christ hat ein Zionist zu sein, aber nicht im nationalistischen, sondern im biblisch-völkerverbindenden Sinn, und mitzuhelfen, dass die Vision von Jesaja 2,1-5 sich verwirkliche und alle Völker auf dem Berg Zion unter dem Gott Israels Frieden finden.

Die Botschaft von Johannes Paul II. am Schluss der 10. Bischofssynode in Rom richtet unseren Blick zur völkerverbindenden Stadt Jerusalem/Zion:

> „Zum Schluss schauen wir auf dich, Jerusalem, du Stadt, in der Gott sich in der Geschichte offenbart hat. Wir beten um dein Glück. Mögen alle Kinder Abrahams in dir wieder zusammenleben in Freiheit und Gerechtigkeit, in Anerkennung ihrer jeweiligen Rechte. Werde du, Jerusalem, für die Welt wieder ein unvergängliches Zeichen der Hoffnung und des Friedens.“

Tief hat Kardinal Christoph Schönborn, Erzbischof von Wien, diese Sicht erfasst in seinem Vortrag „Von Zion aus an alle Völker der Erde“[1], dessen Schluss ich zur Abrundung dankbar übernehme.

> „Die Heimkehr nach Erez Israël ist ein Zeichen der Hoffnung, noch nicht die Erfüllung der Hoffnung. Noch sind wir Pilger, und das ist uns allen gemeinsam, die wir versuchen, Kinder Abrahams zu sein, der selber sich als »Pilger und Beisasse« verstand. Noch sind die Kinder Israels versprengt, auch wenn die Sammlung begonnen hat. Noch herrschen beschämende Spaltungen – welches Bild der Uneinheit geben die Christen im Heiligen Land, aber auch die Juden und die Moslems! – und doch erbitten wir alle von Gott, und das ist uns gemeinsam: »Erbittet Frieden für Jerusalem. Wer dich liebt, sei in dir geborgen« (Ps 122,6).“

[1] In: Die Menschen, die Kirche, das Land, Molden Verlag Wien 1998, S.181-204.

17. Nachwort von Bruder Tilbert

17

Wie ein Traum war für mich der Telefonanruf eines Leiters der „Geistlichen Gemeinde-Erneuerung in der Evangelischen Kirche", der darum bat, meine ihm zugespielten Blätter zum Thema Juden/Nahostgeschehen als Büchlein veröffentlichen zu dürfen. Freudig beeilte ich mich, den Text à jour zu bringen, im Bewusstsein, dass auf diesem komplexen Gebiet alle Erkenntnis mangelhaft bleiben muss. Darum bin ich dankbar für Anregungen und Ergänzungen. Ich bin als Kapuzinerpriester mit der „Erneuerung aus dem Geist Gottes in der katholischen Kirche" verbunden und unterhalte fruchtbare Kontakte zu evangelischen Erneuerungsbewegungen. Der Einsatz für das göttliche „Zionsprojekt", für den Aufbau des „neuen Jerusalem", wo sich alle Völker im Frieden finden werden, möchte die Christen aller Lager noch enger zusammenführen. Jerusalem ist das „Epizentrum" des Weltgeschehens, jetzt noch ein wirrer Bauplatz und umkämpft von allen Seiten. Dort vollendete Jesus sein Erlösungswerk und fand die grundlegende Geistausgießung statt, die nun in der ganzen Welt weiterzünden möchte. Dort wird der Herr in Herrlichkeit erscheinen und seine Herrschaft als „König der Juden" und aller Völker offenbar machen.

Wie ich dies schreibe, leuchtet mir Ez 36,24-36 auf und zeigt mir eine verblüffende Antwort auf die Nahostkrise. Nur durch Menschen, die sich „ein neues Herz und einen neuen Geist" anstelle des steinernen Herzens schenken lassen, kann der Friede kommen. Dann werden „die Ruinen wieder aufgebaut und wird das verödete Land bestellt..., dann werden die Völker, die um euch noch übrig sind, erkennen, dass ich, der Herr, das Zerstörte wieder aufgebaut und das Ödland wieder bepflanzt habe. Ich, der Herr, habe gesprochen, und ich führe es aus". Hier ist, wie an anderen Stellen, die Verheißung der endzeitlichen Geistausgießung, die wir Christen gern auf uns beziehen, eng verknüpft mit der „Wiederherstellung Israels". Dies zeigt, dass eine „Erneuerung durch den Heiligen Gottes" mit der Bitte um das „neue Herz" nicht zu trennen ist vom Dienst am „Zionsprojekt".

Haben wir uns damit nicht zu sehr von der harten politischen Realität entfernt, von den täglichen Terroranschlägen und den verzweifelten diplomatischen Bemühungen mit aussichtslosen road maps? Im Gegenteil, gerade die wachsende Bedrohung und das notwendige Versagen rein weltlicher Friedensbemühungen zwingt uns, tiefer zu graben und nach der „road map" einer höheren Stabsstelle zu fragen. Dass wir nicht dazu verurteilt sind, tatenlos dem grauenvollen Geschehen zuzuschauen, zeigen die angeführten Pioniergruppen und Anlaufstellen.

Im Vertrauen auf das Wirken des Geistes Gottes, der durch seinen Gesalbten das Getrennte verbindet und Wunden heilt (Jes 11,1ff; 61,1ff; Lk 4,18ff), wünsche ich Ihnen, liebe Leserinnen und Leser, viel Freude am Klarsehen und Handanlegen,

Ihr Bruder Tilbert Moser, Kapuzinerkloster, CH-4601 Olten.
E-mail: tilbertkap@gmx.net

Kontaktadressen zu Israelwerken:

18

Abrahamshospiz in Beit Jala
Leiter: Pastor Jadallah Shihadeh
Evang.-Luth. Church in Palestine
P.O.Box 11 Beit Jala; Palestine
E-mail: shihadeh@luthchurch.com
Zuwendungen aus Deutschland über Jesus-Bruderschaft, Gnadenthal/ Hünfelden oder
Ev.-Reformierte Kirche Hamburg

Internationale Christliche Botschaft Jerusalem/nternational Christian Embassy Jerusalem
E-mail icej@icej.org
Deutsche Zweigstelle
Postfach 311337, 70473 Stuttgart
E-mail info@icej.de
Mitteilungsblatt zweimonatlich
Schweizer Zweigstelle
Postfach CH-6210 Sursee

Haus Gnade Haifa
Leiterin: Agnes Shehade-Bieger
House of Grace, P.O.Box 1055
Pal Yam 10, IL-33095 Haifa, Israel
E-mail: pfisrael@netvision.net.il
Schweizer Kontaktstelle
Pfarrer Thomas Bieger, Haus Gnade Haifa, Postfach 9665, CH-8036 Zürich
E-mail: bieger@gmx.ch
Jahresrundbrief

Haus der Hoffnung; House of Hope
Gründer und Leiter: Elias Jabbour
The House of Hope/International Peace Center, p.o. box 272
Shefar-am 202200 Israel
www: hohpeacecenter.org

Büro von Emil Shoufani:
Archimandrit Emil Shoufani, Secretariat
St. Joseph Lyceum, P.O.B. 99,
Nazareth 16100

Gemeinschaft der Versöhnung GDV/COR
Hauptniederlassung in Jerusalem
Sekretariat GDV/COR
Postfach 77
CH-8625 Gossau
E-mail: sekretariat@gdv-cor.org
Rundbrief monatlich

Musalaha; Christliches Versöhnungswerk zwischen Juden und Arabern in Israel/Palästina
Leiter: Salim Munayer
P.O.Box 52110
IL-91521 Jerusalem
E-mail : musalaha@netvision.il
Zweig Deutschland:
c/o amzi, Hauinger Strasse 6
D-79541 Lörrach
Zweig Schweiz:
c/o amzi, Postfach
CH-4153 Reinach 1
E-mail: info@amzi.org
Rundbrief monatlich

Neve Shalom (Friedensdorf)
The Secretary neve Shalom
DN Shimshon 99760 / Israel
www.nswas.com
Deutscher Verein der Freunde von Neve Shalom
Sonnenrain 30, 53757 St. Augustin
E-mail Friedensoase@gmx.de
Schweizer Zweigstelle
Küsnachterstr. 20
CH-8123 Zumikon
e-mail reinshagen@dplanet.ch

Gesellschaft für interreligiöse Verständigung in Israel
Mitgründer und Redakteur der Vierteljahresschrift: Religionen in Israel: Michael Krupp, Post-Adresse: The Israel Interfaith Association, P.O.B. 7739; Jerusalem 91077, Israel.

Nützliche Webseiten
www.christliche-freunde-israels.de
www.israelheute.com
www.israelnetz.de

Sächsische Israelfreunde e.V.

— Wer wir sind und was wir wollen! —

Wer wir sind

Als Christen verschiedener Bekenntnisse, eingebunden in unsere Gemeinden, eint uns die Liebe zu Gott, unserem Vater, dem Herrn der Geschichte. Uns eint die Liebe zu seinem alten Bundesvolk Israel, aus dessen Wurzeln wir leben und das Heil Gottes unverdient empfangen haben. Damit sich die Schrecken der Vergangenheit für das jüdische Volk nicht wiederholen, wollen wir uns der Geschichte unseres deutschen Volkes und der Kirche stellen und Lehren daraus ziehen. Um uns alten und neuen Formen von Antijudaismus und Antizionismus in Deutschland, Europa und im Nahen Osten öffentlich durch Aufklärung entgegenzustellen, haben wir diesen Verein gegründet.

Was wir wollen

Wir suchen die Begegnung mit Juden und Arabern als Kinder Abrahams, damit aus dem Aufeinanderhören Vertrauen wächst und hoffentlich Versöhnung möglich wird. Wir wollen durch wahrheitsgemäße Information dazu beitragen, dass Vorurteile abgebaut, Unkenntnis über Geschichte und Religion überwunden und Verständnis füreinander entwickelt wird.

Was wir tun

Wir arbeiten dafür, Menschen zusammenzubringen, sachliche Informationen zu verbreiten, einseitiger Medienberichterstattung zu begegnen und Informationsquellen zu vernetzen, die sich mit den Themen beschäftigen, die uns gemeinsam am Herzen liegen. Dazu richten wir jährlich im Freistaat Sachsen eine Israelkonferenz aus . Wir wollen nicht Selbstzweck sein, sondern kompetenten Referenten ein Forum schaffen. Wir bieten Gemeinden, Schulen und Trägern der politischen Bildung Informationsveranstaltungen, einen Referentenservice und auch Informations- und Solidaritätsreisen nach Israel an. Wir wünschen uns die Zusammenarbeit mit an den gleichen Zielen orientierten Organisationen und Einzelpersonen aus Kirche, Politik und Medien.

Was Sie tun können

Wer sich mit unseren Zielen identifiziert und diese unterstützen will, kann durch schriftliche Erklärung Mitglied unseres Freundeskreises werden. Ein Jahresbeitrag wird nicht erhoben. Wir vertrauen darauf, dass unser Gott in seiner Treue Menschenherzen dazu bewegt, unseren Dienst mit Spenden finanziell mitzutragen.

Wenn Sie Interesse an unseren Rundbriefen, Reiseinformationen oder Einladungen für unsere Konferenzen haben, wenden Sie sich bitte an unsere Geschäftsstelle!

Kontakt:

Geschäftsstelle:
Wilfried Gotter
OT Schönborn-Dreiwerden
Schulstraße 5
09661 Rossau

Telefon: (0 37 27) 27 01
Fax: (0 37 27) 9 26 23
E-Mail: fischladen@t-online.de

Spendenkonto:
Volksbank Mittweida
Konto: 90 061 941
BLZ 870 961 24
Stichwort: Israel